KB031174

김정은 이렇게 망한다

김정은
이렇게
망한다

김성욱 지음

백년동안

차 례

1장

김정은 이렇게 망한다

누릿한 비린내 가득한 저주의 땅

2013년 12월 12일. 북한의 2인자 장성택 처형은 김일성 가문의 왕조(王朝) 세습을 지탱해 온 안전판(安全販) 소멸을 뜻한다. 어수선한 소문이 꼬리를 잇는다. 70여 명의 고위층 중국 망명설에서 부총리급 한국 망명설까지. 한 달 후인 1월 14일 이런 보도도 나왔다. "장성택 자금의 관리를 맡았던 북한군 대좌(우리의 준장에 해당) 출신, 지난해 말 국내로 망명해 입국한 것으로 확인(TV조선 보도)."

진실은 아직 모른다. 1997년 황장엽 망명 때와 같이 이들이 한국에 들어올 때까지 철저한 비밀로 부쳐질 것이다. 신변안전 때문이다. 낭중지침(囊中之針), 주머니 속 송곳처럼 감추기 어려운 복선(伏線)은 보인다. 북한 상류층 균열과 이탈이 그렇다. 이것이 고위층 망명(亡命) 도미노로 이어질 수 있다. 살벌한 숙청의 결과다. 북한은 죽음의 바람이 휩쓰는 소름 돋는 폭풍의 언덕이 되었다.

김정은은 집권 후 2년간 당·정·군 최고 간부 218명 중 44%를 쫓아냈다. 2010년 9월~2011년 10월 사이 숙청된 사단장·부사단장급 중간간부만 300여 명. 북한 군부의 군단장 9명 중 6명이 교체됐다.

2012년 7월 북한군 최고 실력자 리영호도 날아갔다. 숙청과 함께 대규모 강등, 충성서약 강요 등도 뒤따랐다. 국내 정보당국 관계자들은 "북한 역사상 이 같은 대거 교체는 전례 없는 일"이라고 말한다.

2012년 여름까지는 시작이었다. 12월 장성택 처형 당시 북한이 공개한 공문[1], 소위 처형문은 장(張) 씨가 북한 내 반체제 세력을 끌어 모아 이른바 '소왕국'을 은밀하게 세웠다고 표현했다.[2] 장 씨가 건설한 반(反) 김정은 소왕국 세력은 "그 어디에 숨어 있든 모조리 쓸어 모아 력사의 준엄한 심판대 우에 올려 세우고 당과 혁명, 조국과 인민의 이름으로 무자비하게 징벌할 것"이라는 것이다.

무자비(無慈悲)한 징벌은 현실이 되었다. 2014년 1월 초 북한이 1,000명이 넘는 장성택 측근과 가족을 숙청했다는 주장이 제기됐다. 자유북한방송은 같은 달 3일 '장성택 세력 숙청을 추호의 용서도 없이 진행하라.'라는 북한 국가안전보위부 지시를 전했다. '헤아릴 수 없을 정도로 많은 장성택 측근과 가족이 비밀리에 숙청을 당하고 있다.'는 것이다.

"자고 일어나면 들려오는 흉흉한 소문에 주변사람들은 '몇 명이나 더 죽일 생각이냐?'며 불안해한다!"

북한 소식통이 전하는 말이다.

김정은 생일인 1월 8일 소위 북한식 개혁과 개방의 상징인 나선시(羅先市)에 특별조사단 100여 명이 도착했다. 이들은 "나선은 뿌리뿐만 아니라 뿌리에 묻은 흙까지 털어내라."는 김정은의 지시를 받고 내려왔다. '뿌리에 묻은 흙'은 장성택과 간접적으로 연관된 인물들까지 숙청하겠다는 뜻이다. 같은 달 1월 26일 언론은 "장성택의 두 형을 포함한 친인척, 심지어 그들의 아들·딸, 손자·손녀까지 처형됐다."고 전했다. 어린아이까지 잡아 죽이는 곳! 살육의 피 바람. 가련한 동족(同族)은 불길에 타죽는 개미 떼. 북한은 누릿한 비린내 가득한 저주의 땅, 시체를 파먹는 지옥의 왕이 통치하는 곳이다. 이런 김일성 가문을 받드는 이른바 '종북(從北)'[3]은 얼마나 추잡한 악당들인가? 이런 자들과 손잡아 온 민주투사들, 인권운동가, 지식인들이란 얼마나 가증스런 위선자들인가?

박제(剝製)가 된 노예들, 출구 없는 밀폐감옥

북한의 숙청이 두려운 것은 "3족(族)을 멸하고 9족을 폐하라."라는 유교적 인습(因襲)에 기한다. 김일성은 더 살벌한 형태로 공포를 현실화시켰다. 그곳이 정치범수용소다. 1960년대 이래 100만 명 이상

죽었고 지금도 20만 명의 죄 없는 자들이 갇힌 곳이다. 김정은은 김정일 사후 수용소를 두 군데 더 늘렸다. 현재는 8곳에 달한다. 3만 명에 달하는 것으로 알려진 소위 장성택 라인(line)도 죽거나 수용소로 보내지거나 축출될 것이다. 시간의 문제다. 아니 북한동족 전체가 박제된 노예들, 북한지역 전체가 불결한 감옥이다. 출구가 없는 밀폐되고 음침하고 악취 나는 지옥이다.

김정은 시대의 숙청은 김일성·김정일 시대와 다르다. 2014년 북한의 주민은 알 만큼 알고 있다. 중국에서 소식을 접하고 한국에서 드라마도 접한다. 죽을 정도만 아니면 적당히 버티며 살 수도 있지만 숙청의 규모가 커지면 살 곳을 찾아 떠나야 한다. 그들의 혈로는 두 가지뿐이다. 저항(抵抗) 아니면 도망(逃亡).

김정일의 요리사로 오랜 기간 일했던 일본인 후지모토 겐지는 북한의 쿠데타·내란(內亂) 가능성을 점쳤다. "김정은의 혈족이 사라지고 있다. 형 정철과 여동생 여정 등 셋밖에 없다."라며 "장성택 처형 후 최룡해[4] 혼자서 군부를 통제해, 상황이 어렵다."라고 했다. "최룡해라는 인물을 통해서 조선로동당이 무기를 가진 군부를 대적할 수는 없다. 북한 내부 권력투쟁으로 쿠데타 혹은 내란 가능성이 무척 높다."라는 요지다. 김정일의 후계자로 김정은이 될 것이라고 예측한 몇 안 되는 인물 중 하나의 말이다. 흘려듣기 어렵다.

존 파이크,
"북한 급변사태는 필연"

백 보 양보해 쿠데타·내란 같은 저항이 나오지 않아도 도망, 고위층 대량 탈북 가능성을 배제할 수 없다. 결국 저항 아니면 도망 아닌가? 저항이건 도망이건, 2014년 봄은 소위 급변사태, 북한체제가 갑자기 무너져도 이상할 것 없는 상황이다. 미국의 저명한 군사전문 연구소인 글로벌 시큐리티(Global Security)의 존 파이크(John E. Pike) 소장은 2014년 2월 필자가 운영하는 리버티헤럴드(http://www.libertyherald.co.kr) 인터뷰에서 "북한 급변사태는 필연"이라며 이렇게 말했다.

"북한 급변사태는 예정된 운명이다. 피할 수 없는 일이다. 최근 남(南)수단과 태국의 쿠데타와 소요사태를 포함해서 나는 오랫동안 전 세계 각국의 독재체제의 쿠데타, 반란 등을 연구해 왔다. 북한이 아무리 공포정치와 폐쇄정치로 북한주민의 눈과 귀를 막더라도 멀지 않은 시기 상류층(上流層) 주민을 포함한 내부의 쿠데타, 반란이 일어날 것이다. 북한급변사태는 필연적이다.

이미 북한주민 20만 명 이상이 중국 및 해외경험을 한 상태라 이들의 눈과 귀를 막으려는 정책은 무너지고 있다. 북한경제는 갈수록 피폐돼 중국이나 해외로의 파견근무를 막을 수도 없다. 이들은 TV,

DVD, 비디오, CD 등을 통해서 남한의 풍요로움과 자유로움을 접할 수밖에 없고 결국 북한정권에 환멸을 가지게 된다. 수많은 탈북자들도 한국의 문화 콘텐츠를 보고 남한을 동경하다 탈북(脫北)했다. 북한정권은 오래가지 않을 것이다."

'살려면 투항하라.'는 메시지를 전달하라

1990년대 중후반 탈북은 북한 내 '적대(敵對)계층' 중심의 탈북이었다.[5] 2014년은 당시와 다르다. 중류층, 나아가 고위층 망명 러시가 터지면 곧 북한의 몰락이다. 『북한붕괴 가능성에 대한 준비(Preparing for the possibility of a North Korean Collapse)』라는 책의 저자인 브루스 베넷(Bruce Bennett) 박사는 리버티헤럴드와의 인터뷰에서 북한 상층부 공작(operation)의 필요성을 역설했다. "김정은 정권 붕괴 이후, 상류층과 특권층이 안전할 것이며 생활은 나아질 것이란 확신을 주는 작업이 필요하다."라는 것이다.

베넷의 충고는 피 흘리지 않고 이기는 전술인 '심리전(心理戰)'이란 측면에서 참고할 대목이 있다. '북한은 어차피 망한다. 살려면 투항하라.'라는 메시지를 치밀하고 정교하고 집요하게 전개하는 것이다. 기존 몇몇 탈북자 단체가 해 오던 DVD, USB, CD, 비디오테이프 등을 통한 '한류' 유입은 북한 일반주민을 상대로 한 것이다. 타깃(target)을 북한 상층부로 확장하면, 방법도 다양화해야 한다. 단순히 "북한 동포 여러분"으로 시작하는 라디오가 아니라 "조선로동당원 여러분" "김일성대학 등 대학생 여러분" "군 간부 여러분" 등 맞춤형 콘텐츠 제작이 필요하다. 중요한 것은 의지다. '자유의 방파제'가 아닌 '자유의 파도'가 돼 평양을 쓸겠다는 의지.

고위층은 고급정보를 가진 이들이다. 핵무기·생화학무기 등 대량살상무기 정보나 남한 내 간첩명단인 이른바 블랙노트를 가지고 있을지 모른다. 북한 최고위층이었던 황장엽 선생은 "한국 내 간첩이 5만 명에 달한다."라고 말했다. 블랙노트를 입수해 간첩명단과 자금경로 등을 확보하면 지긋지긋한 이념전쟁을 승리로 끝낼 수 있다.[6] 한바탕 남한에 격랑이 불어닥칠 것이다. 그러나 선진통일의 통과의례로 생각하고 감내할 수밖에 없다.

고위층 균열과 이탈을 위한 지혜를 모아야 한다. 탈북자 출신인 이애란 박사(경인여대 교수)는 "바깥에서 자꾸 흔들어 북한 내부가 술렁이게 해야 한다. 김정은 욕만 하지 말고 북한 고위층(高位層)에게 김정은을 죽이면 현상금을 주겠다는 광고를 하라."며 이렇게 말한다.

"김정은을 제거했을 때 현상금을 1,000만 불 주겠다고 광고를 하고, 핵무기 설계도에 현상금 얼마, 남한 내 간첩 명단 빼오는 데 현상금 얼마, 이렇게 구체적인 가격(價格)과 항목(項目)을 제시해 광고를 하면 대한민국은 손도 안 대고 코 풀 수 있을 것입니다."

그는 "탈북자 정착지원금을 높여 줘 가족을 데려올 수 있도록 돕거나, 탈북자 이산가족 상봉의 제안, 탈북자 출신인 조명철 의원을 특사로 파견하는 등 파격적 제안도 해서 김정은이 정신 차리지 못하게 하자."고 말한다.

"소나기가 오려면 우레가 자주 울어야 하는 것처럼 여러 가지 압박에 나서야 합니다. 이것이 김정은을 약화하고 측근에게 딴마음을 품게 하는 기회가 될 것입니다. 더 많은 북한주민이 북한이 완전히 망하기 전에 한몫 잡아야 한다는 생각을 해야 통일을 앞당깁니다."[7]

북한을 흔들어야 김일성 동상이 무너진다

북한은 이미 끝났다. 예전에 망했다. 북한을 '변혁(變革)'의 대상이 아닌 '관측(觀測)'의 대상으로 삼아 지켜만 보고 있으니 무너지지 않는 것뿐이다.

북한이 요동칠 때 군부(軍部)의 균열을 위해 '삐라'라도 열심(熱心)으로 날린다면 김정은 정권은 무너질 것이다. 통일의 기회를 낚아챌 것이다. 그 통일은 대한민국 헌법이 명하는 '자유민주적 기본질서에 의한 평화통일(헌법 제4조)', 곧 자유통일이다. 이는 '반국가단체·반란단체·반역집단인 김일성 세습왕조를 평화적으로 해체하여 자유민주주의로 통일하라.'는 헌법의 명령이다. 주체사상이 지배하는 죽음의 땅을 생명의 땅으로 바꾸어 하나가 되라는 것이다.

한국인 중에는 김일성 세습왕조를 평화와 통일의 파트너로 여기는 이들이 많다. 깨어나라! 북한은 한국을 궁극적 해체(解體), 사멸(死滅)의 대상으로 본다. 명쾌한 답이 나온다. 김정은 정권이 망해야 대한민국 7,000만 국민이 살아난다. 평양이 열려야 통제의 수위를 벗어난 북한과 남한 내 종북(從北)의 반역을 끝낸다. 평양이 열려야 건잡을 수 없을 정도로 확산된 동서·좌우·보혁(保革)의 국민적 분열을 끝낸다. 평양이 열려야 새로운 세대의 먹고살 거리를 만든다. 평양이 열려야 커지는 힘을 감당치 못하는 중국의 발호를 막는다. 무엇보다 평양이 열려야 2,400만 북한의 동족노예를 구한다.

어차피 망해야 할 사악한 세습정권, 망할 때가 되었으니 망하도록 하는 것이 순리다. 오호라 인간은 얼마나 미련한 자들인가? 한국인은 김정은 정권을 끝내야 할 역사의 필연을 외면한다. 통일비용, 대량난민 등 배에 기름기 가득한 기득권 세력과 친(親)북한 세력의 교활한 선전에 속고 만다. 선진국 달성의 비전은 멀어 가고 하루하루 한국인의 삶은 퍽퍽해진다. 다들 힘들고, 괴롭고 아프다 투덜대지만, 그것이 어디서 오는 괴질인지 깨닫지 못한다.

북한은 끝나간다. 맞는 말이다. 틀릴 수 없는 말이다. 그러나 잊지 말라. 이 악물고 끝을 내야 끝이 난다. 엉성한 체제도 '내우(內憂)'와 '외환(外患)'이 겹쳐야 망하는 법이다. 병아리 알 깨고 나오듯, 갈 때까지 가 버린 북한을 흔들어야 참람(僭濫)된 김일성 동상은 무너질 것이다. 흔드는 외부의 장력(壯力)이 중국이 된다면 북한은 티베트, 위구르 같은 중국의 속국이 될 것이고, 한국이 된다면 통일로 갈 것이다. 그런 면에서 언론에 등장해 끝도 없이 "우리민족끼리"의 상스런 수다를 떨어대는 '친(親)'북한 전문가들은 반(反)통일 주술사들이요, 김일성 시스템 수호의 전사들이다. 먼 나라 남의 집 일인 양 뒷짐 지는 여야 정치인들도 금배지 말고는 관심 없는 수구파(守舊派)다. 관람석에 앉아 북한을 멍하니 지켜만 보는 사람도 다르지 않다.

북한은 '이렇게 저렇게 변화할 것'으로 볼 관측할 대상이 아니다. '이렇게 저렇게 변화시켜야 할' 변혁의 대상이다. 지금 필요한 것은 주인(主人)의식이다. 한국인이 내면에 잠자고 있는 주체(主體)의 싹을

틔워야 통일의 대업을 이룬다. 노예근성에서 벗어나라. 방관자로 머문다면 나라도 죽이고 당신도 죽인다. 학연·지연·혈연 온갖 반칙과 특권이 판치던 구시대가 지겹거든 김정은 일당을 정리해 자유의 깃발을 평양에 올리자. 거친 시대, 난세를 지나 새로운 시대를 만들자. 북한을 흔들고 또 흔들고 다시 또 흔들어 변화를 이끌자. 주체사상 시스템을 끝장내고 북한에 민주적 선거를 회복하자.

北이 개혁·개방할 것이라는 신기루

혹자는 또 이렇게 말한다. "현재의 김정은 정권과 통일은 어렵다. 그러나 김정은 정권과 교류·협력하여 개혁(改革)·개방(開放)을 이끌어 낸 뒤 남북한 평화통일로 가야 하지 않는가?"

이른바 북한 연착륙(soft landing, 連着陸) 이론! 북한붕괴, 즉 경착륙(hard landing, 硬着陸)에 대한 두려움이 만들어 낸 논리. 급변사태(急變事態)는 막아야 하며 그것이 전쟁과 재앙을 막고 평화와 통일을 이루는 길이란 것이다.

북한 연착륙 이론은 '햇볕정책'으로 현실화돼 소위 진보·좌파·종북(從北)의 정치적 진지를 강화시켰다. '북한을 자극하면 전쟁 나고,

북한과 대화해야 평화 온다.'는 프레임에 걸린 한국민은 평화(平和)애걸·구걸·빈대세력으로 전락했다. 지난 20여 년 북한정권은 살아남았을 뿐 아니라 북핵(北核)과 종북(從北)의 두 가지 여의봉을 쥔 채 평화도, 통일도 짓밟고 있다. 국가의 생존과 민족의 구원의 시작은 북한 개혁 · 개방론의 사기성을 깨닫는 것이다.

김일성 · 김정일과 마찬가지로 김정은은 "절대로 개혁 · 개방은 없다."고 말한다. 바뀌지 않았고 바뀌지 않을 것이고 바뀔 수도 없는 것이 북한이다. 10년 만에 열린 2014년 2월 26일 조선노동당 사상일꾼대회에서 김정은은 간부들과 이렇게 다짐했다.

"우리는 온 사회의 김일성-김정일주의화를 당의 최고강령으로 높이 추켜들고 사상의 힘, 일심단결의 힘으로 반드시 조선혁명(朝鮮革命)을 완수하여야 합니다. (…) 주체(主體)의 사상론, 이 위력한 무기를 더 높이 추켜들고 혁명(革命)의 최후승리를 앞당겨오자는 것이 이번 대회의 기본정신입니다."

'김일성-김정일주의화' '조선혁명' '혁명의 최후승리'란 노동당규약과 북한헌법에 등장하는 주체혁명(主體革命), 곧 적화통일(赤化統一)이다. 변하지 않았고 변할 수도 없는 김일성 왕조의 미개(未開)한 민낯은 시뻘건 핏빛이다. 김정은은 또 개혁·개방 반대(反對) 결의를 다지며 이렇게 말했다.

"사회주의 수호전은 비사회주의와 퇴폐적인 사상문화를 혁명적인 사상문화로 쓸어버리는 공격전 (…) 적들이 끈질기게 들이미는 자본주의 독소가 우리 지경을 넘어서지 못하도록 모기장을 2중 3중으로 든든히 치면서도 (…) 온갖 잡사상, 잡귀신들을 쓸어버리는 투쟁도 전격적으로 벌려야 합니다."

북한에선 주체사상(主體思想) 이외 모든 것은 발붙일 수 없는, 쓸어버려야 할 잡사상, 잡귀신들이다. 이런 북한과 교류·협력을 해 나가면 북한이 개혁·개방을 할 것이고 마침내 남북 통일이 올 것이란 기대는 유치하고 단세포적이다.

"어리석고 미련한 개꿈 꾸는" 지식인들

김정은은 집권 2년 동안 "죽어도 개혁은 안 한다, 개방은 없다."고 다짐해 왔다. "우리에게 그 무슨 개혁·개방을 기대하는 것은 해가 서쪽에서 뜨기를 바라는 것과 같은 어리석고 미련한 개꿈에 불과하다(2012년 7월 29일 조국평화통일위원회 대변인)." "개혁·개방설을 짓부시며 대고조의 불길은 더욱 세차게 (…) 대결광신자들의 개혁·개방설을 산산조각 내는 폭탄이 되고 있다(2012년 8월 16일 '우리민족끼리').", "적대국이 바라는 개혁·개방은 없다(2012년 7월 11일 북한 조총련 기관지 조선신보)." 김칫국부터 마시지 말라. 떡 줄 사람 생각도 안 한다. 북한이 말하듯 소위 개혁·개방론은 "어리석고 미련한 개꿈"이다.

그러나 개꿈을 꾸는 이들이 얼마나 많은가? 「조선일보」 보도에 따르면, 2014년 3월 3일 아시안리더십컨퍼런스 디베이트에서 김정은의 개혁·개방 가능성에 대해 현장 참가자(99명) 중 66%(65명)가 "Yes."로 답했다. 북한 문제를 주로 다룬 이 컨퍼런스 참가자는 전문가·기자들, 소위 지식인들이다. 대체 어떤 자료를 보기에 이런 대답을 하는가?

덩샤오핑(鄧小平)의 중국식 개혁·개방이 성공한 첫 번째 조건은 '개인 우상화(偶像化) 폐지'였다. 덩샤오핑은 마오쩌둥(毛澤東)의 대약진(大躍進)운동 실패 이후 개혁·개방을 들고 나왔다. 그 후 지방으로 쫓겨났고 결국 마오쩌둥이 죽고 난 후에야 개혁·개방을 추진할 수 있었다. 자립경제가 가능하고 대안권력이 없었던 특수한 환경이 소위 중국식 개혁·개방의 전제조건이었다.

북한은 모든 면에서 중국과 다르다. 무엇보다 "김일성이 나뭇잎을 타고 대동강을 건넜다."고 가르치는 북한에서 개인 우상화 폐지는 북한체제 붕괴와 직결된다. 북한의 본질적 변화는 김정은과 그를 에워싼 김일성·김정일 기득권 세력이 제거된 뒤에나 가능할 것이다.

그렇지 않다면 주민들 봉기에 의해 이뤄질 것이다. 중국식 개혁·개방은 중국이 북한에 30년 넘게 설득하다 포기한 일이다.

중국 지도부는 1982년 창춘(長春)에서 있었던 덩샤오핑·김일성 사이의 회담을 효시로 "중국에 나쁜 것은 북한에도 나쁘고 중국에 좋은 것은 북한에도 좋은데 개혁·개방은 중국에 좋으니 북한에도 좋은 것"이라는 '순망치한론(脣亡齒寒論)'을 들고 나왔다. 그리고 중국식 개혁개방 수용을 끈질기게 권유했다. 후진타오(胡錦濤) 주석과 원자바오(溫家寶) 총리도 김정일을 여러 차례 설득했다. 김정일은 사망 직전 3년 동안 7차례나 중국을 방문해 자신의 사후(死後)에 대비한 대규모 경제지원을 호소했다. 중국이 요구한 조건은 물론 '개혁·개방 수용'이다. 김정일은 끝끝내 이를 거부했다. 중국식 개혁·개방 수용이 우상화 파기와 김조(金朝·김일성 왕조)의 몰락을 초래할 것이라는 두려움 때문이었다.

북한이 개혁·개방한다면 모든 사회주의 체제가 그랬듯 김일성 왕조는 무너질 것이다. 중국이나 베트남의 개혁·개방 역시 리더십 교체가 전제가 됐었다. 주체사상으로 가장 폐쇄된 왕국을 구축해 온 북한은 더욱 그렇다. 김정은은 이 진실을 너무나 잘 알고 있다. 내부적 긴장과 갈등이 커갈수록 김정은의 길은 하나다. "절대로 개혁·개방은 없다."며 적화통일을 향하여 북핵(北核) 개량과 종북(從北) 양성을 더해 가는 것이다.

어느 날 김정은이 살해됐다

간단한 결론이 나온다. 북한에 훗날 새로운 리더가 나와서 개혁·개방하고 남북한 대화로 통일이 되건(이하 첫 번째 시나리오로 부른다), 정권이 무너진 뒤 한국이 주도해 통일을 하건(이하 두 번째 시나리오로 부른다) 김일성 왕조는 끝나야 한다.

전자(前者)건 후자(後者)건, 통일과정에 급변사태(急變事態)는 피하기 어렵다. 소프트랜딩은 희망사항일 뿐 작건 크건 하드랜딩을 거쳐야 한다. 가장 깔끔하게 통합이 된 독일식 통일도 동독체제 붕괴라는 급변사태를 거쳤다. 한국의 과제는 급변사태를 전쟁(戰爭)이 아닌 내파(內破)로 만들어 충격을 줄이고 통일하는 것이다.

시간은 북한 편이다. 북핵과 종북, 물리적 핵폭탄과 사상적 핵폭탄으로 무장한 탓이다. 한반도 거악의 심장인 김정은 정권을 하루빨리 정리해야 평화도 지키고 통일도 이룬다. 통일에 박차를 가해야 할 이유가 여기 있다.

대북(對北)정책의 알파와 오메가, 그것은 북한과 교류·협력을 통해 시간을 때우는 것이 아니다. 김정은 정권의 종식(終熄)이다. 흔들고, 흔들고 다시 또 흔들어야 한다.

첫 번째 시나리오. 김정은 정권이 무너진 뒤 급변사태를 거쳐 '정상적(正常的)'(정상의 기준은 核포기 · 대남적화노선 포기 · 인권개선, 개혁 · 개방 등일 것이다)인 새로운 정권이 나오면 감사할 일이다. 그러나 가능성은 희박하다. 중국이 개입해 이른바 친중(親中) 괴뢰정권이 나오지 않는 한 체제붕괴, 국가붕괴로 진행될 것이다.

두 번째 시나리오. 상상해 보자. 어느 날 김정은이 살해됐다. 평양을 향해 ○○군단이 진격한다. 이들이 김정은 세력일지, 반(反)김정은 세력일지 알 수 없다. 평양 내 평양방어사령부와 인근 수도군단은 고민에 빠진다. 싸워야 하나, 말아야 하나?

절대적 신(神)이 사라진 북한에 혼돈이 열린다. 모든 것을 혼자서 정하는 '수령독재'. 섬뜩해 보일 정도로 단결돼 보인다. 반면 치명적 약점이 있다. 수령이 없으면 질서는 무너져 버린다. 허무할 정도다. 정치적 안개 속에서 피아(彼我) 구분도 어렵다. 무질서 속에서 살육극이 펼쳐진다. 패퇴된 세력은 압록강 · 두만강 국경을 넘는다. 군부대 하루 배급 500g, 이것도 제대로 나오지 않을 게 뻔하다. 10%에 이른다는 탈영병도 속출한다. 주민들을 습격하고 탈북자는 급증한다.

중국도 허둥댈 것이다. 북한의 혼란은 곧 동북3성의 무질서. 짜증 날 것이다. 심양군구 군부대 동원을 하려니 뒤통수 티베트·신장·위구르가 심상치 않다. 이렇게 가다간 천하대란. 막아야 한다. 진퇴양난 상황에서 일단 급한 불이라도 꺼야 한다. 그동안 연단(?)시킨 조선족 출신 특수부대의 투입이다. 중국이 앞장서 이렇게 외친다. "R2P(responsibility to protect), 북한 내 중국 자국민과 재산보호를 위해 개입하겠다."

북한 급변사태의 시작이다. 김정은 정권은 망했다. 한국의 선택은 분명해진다. 대한민국 헌법상 국민인 북한주민 보호와 핵·미사일 등 대량살상무기(WMD) 해체를 위한 개입(介入)이냐 아니면 중국에 모든 짐을 떠넘기고 한반도 이북은 포기할 것이냐? 전자는 동맹국 미국의 개입 또는 UN 차원에서 중국이 포함된 개입이 될 것이다. 한국민이 얼마나 통일의지를 내느냐 여부에 따라서 중국의 역할은 줄고 한국과 미국의 역할이 늘면서 완전한 통일, 완전한 통합의 가능성은 높아질 것이다.

북한주민의 마음을 잡아라!

70년 가까이 유지돼 온 분단구조가 깨져 간다. 북핵(北核)과 종북(從北)은 그 속도를 높였다. 한반도가 적화통일(赤化統一) 또는 북한의 인질이 돼 6.15, 10.4연방제 같은 점진적 적화(赤化)의 길로 들어서지 않는다면, 상황은 급변사태와 자유통일로 흘러갈 것이다. 최악(最惡)이 아니면, 최선(最善)의 길. 단 '죽으면 죽으리라.'는 필사적 노력이 있어야 7,000만 생명의 길을 찾는다.

한국이 중국에 북한을 넘기지 않는 한 한국은 급변사태 후 작전계획 5029(韓美 양국이 북한 급변사태에 대비해 만든 계획)에 따라 어떤 형태건 개입할 것이다. 한미(韓美) 양국은 군정(軍政)을 일정 기간 실시한 뒤 북한 내 임시정부(臨時政府)에 권한을 이양해 가도록 돼 있다. 군정은 이런 일을 한다. 주민들에게 긴급 구호물자 지급, 보건 · 의료 통제, 문화재 보호, SOC 복구, 적대(敵對)기구 해체 그리고 가장 중요한 북한군 무장해제(武裝解除).

급변사태 시 군사작전을 성공시키기 위해서건, 친중(親中)괴뢰정권 수립을 막고 자유통일을 이루기 위해서건, 소극적으로 적화통일을 막고 북한정권 붕괴를 앞당기기 위해서건, 반드시 북한주민의 마음을 잡아야 한다. 이는 북한주민이 대한민국을 선택할 수 있게 하는 급변사태 이전 심리전(心理戰, psychological warfare)과 그 이후 민사작전(民事作戰, Civil Affairs Operations)을 뜻한다.

특히 급변사태 이후 해당지역을 안정화(安定化)시키려면 민사작전 성공이 필수다. 동서고금의 보편적 통계다. 미국은 이 부분이 약해서 월남전은 물론 이라크 · 아프간에서 애를 먹었다. 6.25당시 북한이 적화에 실패한 이유도 여기 있다. 남한 지역의 협조세력이 예상외로 많지 않아 주민들만 죽여대다 미군이 개입해 쫓겨났다.

반대사례는 베트남이다. 남(南)월남과 북(北)월맹으로 갈라져 있다가 1973년 미군이 철수했다. 2년 뒤 베트콩으로 불리는 친북(親北) 무장 조직(우리식으론 RO 같은 세력이다)이 상당수 남월남 주민의 지지를 받으며 정부를 뒤집어 버렸고 북월맹을 초청했다. UN도 북월맹 공격을 침략으로 규정짓지 못한 채 머뭇댔다. 남월남은 허무하게 무너졌다.

완벽한 통합의 사례는 독일이다. 1989년 동독주민 스스로 호네커 정권을 끝냈다. 다시 동독주민 '스스로' 서독정부를 불렀다. 이듬해 동서독은 국민투표로 통일됐다. 성공의 비결은 동독주민의 마음을 잡는 데 있었다. 분단시절 서독 방송이 들어갔고 동독 내에 28만 4,000여 명에 달하는 정치범과 가족들을 데려왔다. 동독주민은 서독체제를 동경했고 동서독 양쪽에 산재한 민주화 세력이 동독의 폭정을 막고 베를린 장벽을 무너뜨렸다. 의도된 동독의 민주화(民主化)·정보화(情報化) 트랙이 통일의 동력이 되었다.

자유통일은 급변사태 이전의 심리전과 이후의 민사작전 성공에 달렸다. '때 되면 하겠다.'는 말은 핑계일 뿐이다. 한국의 준비가 늦으면 유사시 개입(介入)에 한계(限界)가 생긴다. 미군도 벅차다. 지상군 병력이 줄어서 북한 급변 시 WMD(핵, 미사일, 생화학무기 등 대량살상무기) 해결도 쉽지 않다. 북한이 펑 하고 터지면 WMD 유출을 막는 게 급하다. 북한이 중국의 속국이 되건 안 되건 두 번째 문제가 된다. 여기서 나오는 게 미중 간의 빅딜(미국은 WMD 포기를, 중국은 북한을 갖는 야합) 의혹이다. 미국만 믿을 수 없다는 말이다. 결국 준비 부족으로 우리 측 개입의 한계가 클수록 중국이나 제3세계 개입의 강도와 세기가 커진다. 북한주민의 마음을 잡는 것이 통일의 조건인 셈이다.

"이 돈은 교회서 주는 거야"
탈북민·北주민 통화

북한주민의 마음을 어떻게 잡을 것인가? 자세한 정책이 아닌 원론만 말하면 이렇다. 정권(政權)이 아닌 주민(住民)을 도와라! 북한에 줘야 할 것은 자유(自由)와 정보(情報)다. 자유화 혁명의 바람, 정보화 혁명의 쓰나미를 일으켜야 한다.

의지만 있다면 방법은 차고 넘친다. 한류(韓流)와 스포츠는 중요한 통로다. 북한에서 비싼 값에 팔리는 한국 영화·드라마가 담긴 USB, 해외에서 활약하는 한국인 선수의 유튜브 영상 CD를 북·중(北中) 접경지대와 대북풍선을 통해서 이북으로 '미친 듯이' 뿌린다면? 물포(物布)작전 벌이듯 한국 먹거리·상품을 같이 달아 DMZ 일대에 뿌린다면? 탈북자들은 이렇게 말한다. "삐라만 제대로 뿌려도 북한 특수부대도 무너질 것이다!" 국가정보원·국군정보사·통일부 역할은 이런 것이 아닌가?

교회나 선교단체가 할 일은 더욱 많다. 필자는 정권으로 흘러가는 대북지원 대신 탈북자 구출과 CCM(기독교대중음악) 영상, 예배·설교 영상을 대북풍선에 날리라고 권유한다. 영화·드라마 사이에 성경구절을 재주껏 삽입해도 된다. 한국인의 재주는 세계최고 수준이다! 이슬람 지역에서 사용되는 오디오 성경은 기계적 플레이어가 없어도 손쉽게 들을 수 있다.

또 있다. 남한 내 탈북자 지원을 통해 그들이 북한 내 가족을 돕도록 하는 것도 묘책이다. 한국 내 탈북자가 북한 내 가족과 통화할 때

“이 돈은 교회에서 주는 것이다.” “어려울 때 하나님께 기도해라.” 등 메시지를 전해주는 경우가 많다. 강력한 친한파 양성, 손쉽게 할 수 있다.

자유의 북진(北進)을 위한 상징적 조치는 북한인권법 통과다. 중국 내 탈북자 구출도 통일의 초석을 다지는 일이다. 미국은 이미 2004년 북한인권법을 통과시켰고 2014년 들어 미국 일리노이 주(洲) 하원에 이어 상원도 북한인권 결의안 통과에 나섰다. 한국의 국회는 물론 그 많은 지방의회 어느 한 곳도 북한인권 문제에 대한 구체적 언급이 없다. 국제적 수치(羞恥)다. 부끄러운 일이다.

김정은 이렇게 끝내자

자유(自由)와 정보(情報)의 힘뿐 아니라 돈을 활용할 수도 있다. 대북 지원의 활용이다. 조건(條件)을 붙이면 된다. 영유아·임신부 지원을 하더라도 북한 당국이 원하는 지역에, 원하는 자에게 줘서는 안 된다. 돌고 돌아 정권지원, 체제지원이 될 뿐이다.

가장 필요한 지역에, 가장 필요한 이에게 주면 된다. 대북(對北)지원 단체들이 앞장서서 “우리 단체는 혜산 지역 꽃제비에게 직접 주겠다." "우리 모임은 장진 지역 수해민에게 직접 주겠다." "우리 조직은 온성 지역 구류장 수감자에 주겠다." "우리 교회는 14호, 18호, 22호 관리소에 대대적 지원을 하겠다."고 요구하라.

2014년 2월 17일 유엔 북한인권조사위원회(COI) 최종보고서가 발표됐다. 북한의 인권참상은 더 이상 비밀이 아니다. 외신들은 '나는 몰랐다.' '여러 가지 이유로 모르는 척했다는 핑계는 더 이상 통하지 않게 되었다.'고 보도했다. 대북(對北)지원 하는 이들은 북한주민의 마음을 얻어야 한다고 말한다. 그렇다면 가장 비참한 자들의 인권을 말하는 게 먼저 아닌가?

정부(政府)의 역할은 더 크다. 수용소에 갇혀 있는 한국민 오길남 박사의 두 딸 혜원·규원 석방을 조건으로 쌀 지원에 나서라. 6.25 당시 납북된 8만 여 전쟁(戰爭)납북자 생사확인과 516명에 달하는 전후(戰後) 납북자, 1,770명의 국군포로 생사확인에 나서라. 그중 살아있을 것으로 추정되는 560여 명의 생환을 조건으로 비료지원에 나서라.

정치적 쇼로 전락한 이산가족 상봉은 그만두자. '자유상봉'을 조건으로 대북지원에 나서라. 헤어진 가족이 원하는 때 만날 수 있고 원하는 때 편지를 주고받고 원하는 때 통화할 수 있으며 원한다면 같이 살 수 있는 것이 진정한 이산가족 상봉이다.

한 걸음 더 나가자. 가증스런 정치범수용소, 공개처형, 탈북자에 대한 강제송환, 강제낙태, 영아살해 등 온갖 만행의 중단을 조건으로 개성공단을 지속하라. 개성공단에 쏟아붓는 모든 달러는 북한정권에 흘러간다. 월급은 130달러 정도지만 북한 근로자가 실제 쥐는 돈은 2달러 정도. 그나마 북한 돈이다.

중국 때문에 통일이 안 되는 게 아니다

북한의 변화를 이끌어 낼 목줄은 중국이 아닌 한국이 쥐고 있다. 중국이 지난 5년 북한에 준 식량(매년 약 30만t) · 원유(매년 약 50만t)는 한국 돈으로 2조 8,465억 원~3조 3,415억 원 정도다. 그러나 같은 기간 개성공단이 대부분을 차지하는 남북교역액은 9조 9,601억 원(90억 9,600만 달러)에 달했다. 남북교역액이 중국이 북한에 대준 식량·원유보다 3~4배 많았다

의지만 있다면 북한에 주는 돈·쌀·비료를 주었다 풀었다 하면서 얼마든지 선순환 구조를 만들 수 있었다! 한 번에 갈 수 없다면 하나하나 차근차근 북한을 변화시킬 수 있었단 말이다!

조건 없는 지원은 그것이 영유아 지원이든, 임신부 지원이든 간에

인도적(人道的)이 아닌 우회적으로 정권을 지원하고 간접적으로 체제를 지원하는 일이다. 북한에 대한 SOC 투자든 산림녹화든 마찬가지다. 북한주민의 마음을 잡는 것이 아니라 정권의 치적이 돼 김일성 왕조만 유지·지원·강화한다. 설령 SOC 투자와 산림녹화가 주민의 마음을 잡는 약간의 기여를 한다 해도 북한 붕괴 이전 해야 하는 수많은 심리전, 붕괴 이후 해야 할 수많은 민사작전 준비보다는 후순위(後順位)다. 급한 일이 아니다.

대북지원의 부적절성(不適切性)을 알고도 계속하면 사악(邪惡)한 것이고 모르고, 한다면 태만(怠慢)한 것이다. 우리의 선량한 마음이 살아 있다면 대북지원이야말로 북한의 변화를 이끌고 통일을 다지는 초석이 된다. 부탁한다. 가장 절박한 구원이 필요한 자들은 내팽긴 채 북한의 주민이 아닌 정권만 살리면서 '인도적'이라는 딱지를 붙이지 말라. 그것은 위선(僞善)이며 천벌 받을 잔혹한 학살에의 협력이다.

2장

흔들어라
그러면
무너진다

학살(虐殺) · 도살(屠殺) · 교살(矯殺) · 상살(相殺)의 거대한 아우슈비츠

혹자는 묻는다. 과연 흔든다고 북한이 무너질 것인가? 오히려 평화를 부수는 것 아닌가? 답한다. 아니다!

북한은 이미 엔진이 고장 난 자동차, 학살(虐殺)과 도살(屠殺)과 교살(矯殺)과 상살(相殺)이 오고 가는 거대한 아우슈비츠 같은 곳이다. 정권은 민생을 팽개친 지 오래다. 2013년 10월 UN 세계식량계획(WFP) '세계 식량 불안상황 보고서'에 따르면, 영양실조에 걸린 북한 주민은 760만 명에 달한다. WFP가 같은 해 1월부터 3월까지 북한 가정을 방문해 실시한 설문 조사 결과에 따르면, 10가구 중에 8가구가 식량 부족으로 어려움을 겪었다고 답했다. 주민의 80% 1,920만 명이 배고픈 상태란 통계다.[8] 1990년대 중후반 300만 대량아사 이후 현재에도 아이들 40%, 이북 3개도 5세 미만 아이들 70%가 영양실조다.

주민은 절망과 울분을 오간다. 김정은 등장 이후 1년간 쌀값은 2배로 뛰었고, 환율은 70%가 올랐다. 지금까진 북한의 중하층 일이다.

달러 부족으로 상층부 이반이 커지면 상황이 복잡해진다. 한 북한소식통은 "김정은에게 더는 기대할 게 없다는 실망감과 좌절감이 확산되고 있다."면서 "경제 상황이 좋아졌다는 소식은 평양 얘기일 뿐 지방의 사정은 오히려 악화되고 있다."고 말했다. 최근 중국을 방문한 한 북한군 간부는 "경제사정에 아랑곳하지 않고 잔디 심기 사업에 재원을 낭비하는 등 비현실적 명령이 남발되고 있다."고 전했다.

죽음의 굿판을 즐기는 사이코

몇 년이 지나면 김정은 체제는 안정될 것인가? 김정은은 절묘한 통치의 기술을 보여 줄 수 있는가?

바람이 아닌 예측을 한다 해도 대답은 아니다. 김정은은 정상이 아니다. 아버지 정일의 교활함, 노련함도 찾기 어렵다. 사악함 자체다. 그것도 엉성하다. 가끔 앙탈을 부리다 히스테리성 정치적 발작이 나온다.

서른 살 독재자 김정은은 2013년 12월 고모부를 끔찍하게 살해하고 피식댄다. 기관총 90발을 난사한 뒤 시체는 화염방사기로 태워버렸다. 그 한 달 전엔 미림 승마장 타일을 "제대로 깔지 않았다."는 이유로 관리자를 다음 날 처형했다. 그 석 달 전엔 아내인 리설주가 활동했던 은하수관현악단 단원들 10명을 죽여 버렸다. 음란비디오 촬영이 죄목이 됐지만 "리설주도 우리처럼 놀았다."는 추문을 들었던 탓이다. 살해한 단원들 가운데는 배가 부른 임신부도 있었다.

김정은은 집권 2년 만에 역사적 살인마(殺人魔) 대열에 올랐다. 폭력의 악마, 살육의 악마, 뜨거운 욕망의 악마, 성나는 대로 맹목적 파괴를 즐긴다. 죽음의 굿판을 즐기는 사이코 이상도 이하도 아니다. 무엇보다 117만 인민군 총폭탄, 핵폭탄, 생물학·화학탄까지 보유한 위험한 뚱보다. 이런 미친 자가 자폭 직전 2,400만 북한호를 성공리에 이끌 거란 기대는 공상에 가깝다.

단언한다. 북한의 자폭(自爆)은 시간의 문제. 다만 이 시간은 1년이 될 수도, 10년이 될 수도 또는 30년이 될 수도 있다. 한 세대 이상 연방제 같은 적화(赤化)를 거친 뒤가 될지도 모른다. 시간의 장단(長短), 시련의 유무(有無)는 한국에 달렸다. 평양의 운명은 서울이 결정할 것이다.

전쟁 낸다며 잔디 심는 김정은

김정은 2년의 광기(狂氣)는 합리적 설명이 어려울 정도다. 2012년 초 김(金)이 "자본주의 날라리풍을 단속하라."고 특별히 지시할 무렵, 그는 자본주의에서도 보기 어려운 모란봉악단의 문란한 공연을 "모범적(模範的)"이라고 평가했다. 경제 관리 개편에 대해 "자유(自由)롭게 의견을 개진하라."면서도 농장·공장에서 개인경영방식(個人經營方式)을 제기한 관리를 엄벌에 처했다. 2012년 11월 말 북한 전역 파출소장을 모아놓고 "인권유린(人權蹂躪)이 없도록 하라."면서 "불순적대분자들을 눈에 쌍심지를 켜고 모조리 색출하라."고 지시했다.

2013년 2월 이후 김정은은 '핵전쟁·전면전·불바다' 공갈에 열을 올렸다. 3월 7일에는 2010년 연평도 포격을 주도한 부대를 '현지지도'했다. 나흘 후엔 백령도 타격임무를 부여받은 부대를 시찰하면서 "명령만 내리면 적들을 모조리 불도가니에 쓸어 넣으라."고 지시했다.

전운(?)이 감돌던 같은 해 2월 평양에선 미치광이 농구쇼가 펼쳐졌다.[9] 2월 28일 왕년의 NBA 농구 스타 데니스 로드먼이 평양을 찾은 것이다. 문신으로 뒤범벅된 로드먼은 묘기농구를 벌였고 김정은은 손뼉을 치고 탁자를 치며 깔깔댔다. 같은 해 여름 로드먼은 김(金)의 개인별장에서 7성급 호텔에 요트와 미녀에 둘러싸여 휴가를 보냈다. 로드먼은 장성택 살해 직후인 2013년 12월 세 번째로 북한을 찾았다. 이때도 북한은 "남한의 반동들을 모조리 쓸겠다."고 엄포를 놓고 있었다.

김정은은 2012년 4월 15일 소위 태양절 열병식 당시 "사회주의 부귀영화(富貴榮華)"를 인민들에게 공언했다. 다시는 주리고 배곯는 일도 없을 것이라 말했다. 곧이어 김(金)은 "백화만발하는 지상낙원(地上樂園)"이라는 좀 더 구체적 약속을 내놨다.[10]

부귀영화·지상낙원을 만들기 위해 김(金)이 내놓은 계획은 잔디심기였다. 보릿고개로 추방지역(북한의 산간에 추방된 반체제 인사의 후손이 사는 지역)에선 노인과 영아가 죽어간다. 통곡소리가 고원의 골짝을 휩쓸 때 김정은은 외국에서 30여 종에 달하는 종자를 들여와 잔디연구소를 세웠다. "유럽 나라에서 심은 잔디를 보면 심술이 날 정도"라며 "잔디를 평지에도 심고, 산지에도 심어야 한다."고 독려했다. 온 나라를 잔디밭으로 만들라는 1호지시가 노동신문을 뒤덮었다.[11]

좋은 교육이 좋은 사람을 만들지 못하는 것 같다. 김정은은 스위스 유학을 했었다. 그러나 잘사는 나라에서 배운 것은 잔디에 대한 병적인 집착 정도다. 노동신문 보도에 따르면, 김정은은 3차 핵실험 열흘 뒤인 2월 22일 평양 전쟁승리기념관 건설장을 방문해 "무슨 종류의 잔디를 심으려는가?"라고 질문했다. "적들을 불도가니에 쓸어 넣으라."고 지시한 3월 11일 군부대 방문 때도 "나무와 지피식물(잔디)을 더 많이 심어 섬을 푸른 숲으로 만들라."고 말했다. 5월 4일에도 "부침땅(경작지)을 제외한 모든 땅에 나무를 심거나 풀판을 조성해 빈 땅이나 잡초가 무성한 곳이 하나도 없게 해야 한다."며 "동·서·중부 지구에도 잔디연구소 분원을 내오는(만드는) 것이 좋겠다."고 했다. 미치광이 칼부림에 동포들만 흐느낀다. 가느다란 피눈물만 흘려댄다.

가게무샤 김정은의 수령연기

김정은은 가게무샤(かげむしゃ · 影武者:일본에서 쇼군의 보호를 위해서 비슷한 인물을 세웠던 그림자무사)와 다를 바 없다. 수령(首領) 연기를 하고는 있지만 그림자 안쪽의 수령은 이미 죽은 김일성·김정일의 망령(亡靈), 망령(妄靈) 난 주사파[12] 혁명가들이다.

집안의 내력인 강박증, 복잡한 가정사, 그리고 막중한 배역에 대한 부담은 김정은의 불안하고 광기 어린 성격을 만들었다. 갑자기 권력을 쥐고서 어찌할 바 모르는 성격도 그렇게 형성되었을 것이다.

김(金)은 '마지막 황제', 아니 '마지막 교주(敎主)'다. 2013년 4월 김정은은 나름의 기아대책을 내놓았다.[13] 식량사정이 악화된 것은 '밥'에만 집착한 탓이요 '요리 상식'이 없는 탓이니 여러 요리법을 개발하란 지시였다. 프랑스 혁명 전 "빵이 없으면 케이크를 먹으라."던 프랑스 왕비를 모방한 것인가?

김정은은 2012년 11월, 1/3이 영양실조에 걸려 있는 인민들에게 "승마는 용감성과 대담성, 건전한 정신과 튼튼한 체력을 키워 주는 좋은 운동"이라며 "승마를 보급하라."는 지시도 내렸다.[14] 승마에 대한 열정은 이듬 해 여름, 새로 만든 미림승마장 타일공사 책임자를 처형하는 납량특집(納凉特輯)으로 이어졌다. 가을 무렵 세계에서 가장 비싼 말인 올로프트롯터를 타고 있는 세계에서 가장 행복한(?) 인민들 모습이 북한매체에 등장하기 시작했다. 서툰 연기를 하는 엑스트라들처럼.

김정은이 인민의 건강(?)을 위해 조성한 또 하나의 역작은 마식령 스키장이다. "청소년과 인민들이 스키장을 널리 이용케 해야 한다."는 이유였다. 유학 시절 스키를 즐겨 탔던 김정은은 스키장도 직접 세웠다. 2013년 마지막 날, 공사가 끝나자 역시 스노보드, 리프트를 타는 복에 겨운 '어색한' 표정[15]'의 인민들 모습이 「로동신문」을 장식했다. 먹지 못해 크지 못한 북한의 인민은 아시아에서 가장 작게 오그라들었다. 한국 남자 평균 신장 174cm, 북한 남자 평균 신장 153.4cm. 1945년 광복 당시 166cm보다 13cm가량 줄어든 외모다. 이런 말이 나온다. "키나 키워라. 스키 쇼는 때려치우고."

가련한 자들의 시체를 파먹는 좀비 체제

2012년 여름 삐까삐까 번쩍번쩍한 곱등어(돌고래의 북한말)관이 개장했다. 평양 릉라인민유원지 안에 릉라곱등어관, 릉라물놀이장, 릉라유희장 등이 갖춰진 것이다. 곱등어관은 돌고래쇼장이다. 바닷물이 필요해서 남포시에서 평양시 릉라도까지 바닷물도 끌어왔다. 100리 넘는 일종의 대운하(?)다. 곱등어 한 마리를 사는 데만 5억 원 가까이 돈을 줘야 한다. 릉라인민유원지 개발에만 2조 원 가까이 들었을 것으로 보인다.[16]

김정은은 2012년 죽은 부친 동상 제작에만 500억 원 이상을 쏟아부었다. "김일성이 영원히 산다."는 문구가 새겨진 3,200여 개에 달하는 이른바 영생탑(永生塔)에 김정일도 함께 "영원히 산다."는 문구를 새겨 넣는 데만 300억 원 가까이 들었다. 2,000만 개가 넘는 김일성·김정일 초상화 교체에 200억 원 이상, 김일성·김정일 얼굴이 들어간 '쌍쌍 배지' 제작에 10억 원 이상을 썼다.[17]

동상 만들 천문학적 돈은 물론 없다. 어쩔 수 없다. '삥'이라도 뜯어야 한다. 북한 내부 소식통에 따르면, 김정은은 2013년 봄 간부들에게 "장군님 동상 건립과 금수산태양궁전 공사비용을 댈 기금을 조성하라."는 지시를 내렸다. 자발적 기부 실적이 저조해 "(김정은) 원수님에 대한 충성심의 잣대가 될 테니 금·은·외화를 바치라."고 상납을 강요했다. 참 더러운 체제다.

2012년 10월부터는 해외 송출 노동자들을 상대로 '김정은 동지의 특별지시'란 명목으로 1인당 150달러씩을 상납받기 시작했다. 1년 내내 세계 각국과 국제기구에 식량 지원을 부탁하는 해외 공관에도 상납 지시가 떨어졌다. 모금이 여의치 않자 최근 유럽의 고리대금업자, 아시아·러시아 은행들에 연리 20~40%의 고금리 급전대출을 추진했다.

김정은도 지도자다. 백성들 걱정을 약간은 하지 않을까? 대답은 역시 아니다. 2012년 한 해 김정은은 150여 차례 현장을 찾았다. 소위 현장지도다. 대부분 군인을 찾아 뜨거운 포옹을 나누는 사진을 찍는 정도. 자신이 만든 승마장·스키장 등 유령의 집보다 더 음산한 시설을 뻰질나게 드나들며 감시하고 '재수 없는' 관계자는 죽이고 다닌다. 반면 인민의 고난은 철저히 눈감았다. 2012년 사망자만 300명, 이재민만 29만 명에 달한 수해현장을 한 번도 찾지 않은 것은 대표적 사례다.

김정은은 배우(俳優)다. 70년 가까이 북한을 유지해 온 거대한 주체사상 시스템이 감독이고, 각본이고, 스태프이다. 수령이 무언가 새로운 것을 하고 싶어도 시스템이 허락하지 않는다. 수령을 둘러싼 수많은 친척·인척·장군·각료, 심지어 어린 몸종까지 김정은에 충고하고 호소하고 속삭일 것이다.

"강해지십시오. 수해현장은 공화국의 역도들이 자초한 것입니다. 주체혁명 위업(북한이 말하는 적화통일)이 완성되는 날 김정은 장군님은 역사에 남을 영웅이 될 것입니다. 공화국 안팎의 적들에 대해 더 단호해지십시오."

배가 고픈 1,920만 인민과 영양실조 상태인 600만 백성, 2배로 뛴 쌀값과 70% 이상 폭등한 환율로 고통 받는 주민은 그렇게 철저히 외면돼 버렸다.

장성택이 사라진 2014년, 김정은 주변에 실세는 없을지 모른다. 주체사상 시스템을 떠받들며 이 체제가 망하면 '끝'이라 벌벌 떠는 권력층 내부의 거대한 두려움이 실세라면 실세다. 이 '두려움'이 김정은 내부의 '잔인한 기질'과 교배(交配)돼 가련한 자들의 시체를 파먹는 좀비(zombie) 체제를 이끌고 있다. 좀비 체제에서 김정은이 할 수 있는 일은 아무 곳에도 쓸모없는 거대한 구조물 건축과 '개개는 놈 목 따는 정도'다.

사람들은 북한과 김정은에 대해서 알고리즘을 찾으려 한다. 논리적 함수가 있지 않을까 궁리한다. 그러나 1,610일간 좀비체제 수령이 보여 준 모습은 극도의 스트레스였다. 할 수 있는 일이 아무것도 없고 하려 하는 일도 할 수 없는 절망감이다. 스트레스와 절망감 속에서 김정은은 유일한 취미를 찾았고 그것은 더 잔혹하게 살인(殺人)하는 것뿐이다. 고시병에 걸린 늙은 수험생이 음란과 도박에 빠져든 격이다. 유일한 해약은 고시합격 아니면 파멸(破滅)이다. 김정은도 유일한 퇴로는 '주체혁명 위업'이라는 적화통일 아니면 파멸인 셈이다.

김정은은 앞으로 더 막 나갈 것이다. 사람은 더 많이 죽이고 '달러($)'는 더 많이 모자랄 것이다. 한국이 북한을 지혜롭게 흔들어 간다면, 내부적 긴장과 갈등이 고조된 북한은 급변사태를 거치며 한국에 통합될 수밖에 없다.

급변사태를 통한 자유통일을 피한 채 60여 년 기괴한 분단(分斷)이 계속될 것이란 생각은 착각이다. 오산이다. 억측이다. 김정은 왕조를 무너뜨리지 않는다면 이렇게 될 것이다. 죄 없는 자들의 피가 넘치고 곳간이 비어 가면 김정은 아니, 좀비 체제의 예리한 포신(砲身)은 한국을 향한다. '가짜 평화, 거짓 평화'의 레토릭 아래서 자칭 진보·좌파, 자칭 보수·우파 기득권 세력은 타협할 것이다. 우리는 뜯기고 저들은 뜯으며 민족 전체가 쇠락의 길을 걷는다. 쇠락한 백의(白衣)민족은 지난 5,000년 역사의 궤적을 다시 걸으며 북한은 중국의 속국으로, 한국은 중국의 변방으로 빨려갈 것이다.[18] 이것을 연방제로 부르건 평화체제로 부르건 적화통일로 부르건 중요치 않다. 피하고 싶은가? 그렇다면 김정은 정권을 끝내라. 압박하고 압박하고 또 압박하라.

3장

사실상(de facto)의 赤化

정부종합청사 200개를 날릴 수 있다

북한을 이대로 내버려 둔다면 선진국(先進國) 진입은 불가능하다. 살아날 수도 없고 살려낼 수도 없는 김정은 정권은 한계로 갈수록 한국을 괴롭힐 것이기 때문이다. 가끔 얻어맞으며 몇 푼 뜯기는 것? 이것뿐인가? 아니다. 핵무기(核武器) 탓이다.

북한이 저지를 공갈·협박·도발의 강도(强度)는 핵개발 이전과 이후로 달라진다. 핵무기 소형화·경량화·다발화(多發化)는 시간문제다. 늦어도 10년이면 북한은 세계적 핵무기 강국이 된다.

한국은 날카롭게 벼려진 북한의 핵탄두·핵어뢰·핵지뢰·핵배낭, 소형화된 핵가방[19] 앞에서 움츠러들 수밖에 없다. 현재 북한이 보유한 핵탄두 10여 개 중 하나만 터져도 150만 명이 즉사한다. 이것뿐아니다. '고순도 플루토늄' 50kg이 더 있다. 북핵전문가 신성택 박사의 분석에 따르면, 빌딩 하나를 파괴할 수 있는 미니핵폭탄 200개를 만들 수 있는 양이다. 정부종합청사 같은 빌딩 200개를 날릴 수 있다는 말이다.[20]

내구성(耐久性) 한계와 핵개발(核開發) 성공

60년 유지돼 온 남북평화공존은 북한의 내구성(耐久性) 한계와 핵개발(核開發) 성공, 두 가지 변수로 깨졌다. 현상유지는 불가능하다. 좋은 쪽이건 나쁜 쪽이건 분단의 현상은 타파될 수밖에 없다. 왜 그런가?

첫째, 북한이 망해가고 끝나는 것을 막을 수 없다. 개혁·개방의 실낱같은 희망도 장성택 처형으로 산산조각 났다. 2012년 7월 북한 군부 최고실력자 리영호 인민군 총참모장(참모총장) 숙청의 이유도 "인민생활이 어려운데 인공지구위성이나 자꾸 발사해서 뭐하는가, 시급한 것은 인민생활문제나 푸는 것이다."라는 망언을 내뱉었다는 것이다.[21] '인민을 챙겨야 한다.'는 선한 말이 북한에선 끔찍한 처형의 이유다.

둘째, 북한의 핵개발도 막을 수 없다. 북한이 체제의 운명을 걸고 개발해 온 것이 핵(核)이다. 김일성은 1950년 6.25남침이 실패로 끝나자 1954년 핵무기 방위부를 설치하고 이듬해 핵물리학연구소를 세웠다. 본격적인 핵개발을 시작한 것이 이미 1979년이다. 영변에 5MW 원자로 건설이 시작됐다. 2006년 10월 9일, 2009년 5월 25일, 2013년 2월 12일, 핵실험도 세 차례나 성공했다. 2003년 8월에서

2007년 7월까지 진행된 소위 6자회담도 북핵개발의 시간과 자금을 벌어준 국제사기극이었다.

"북핵은 나라와 민족을 지키는 민족공동의 보검?"

2014년 1월이 되자 북한이 평화 제스처(?)로 돌아섰다. '북남관계개선의 활로를 트자.'며 북한 국방위원회가 정부에 서한도 보냈다. 그러나 겉 지(紙)와 다르게 속 지(紙)는 바뀌지 않았다. 한미군사훈련 중단 요구와 함께 북핵은 "나라와 민족을 지키기 위한 민족공동의 보검(寶劍)"이라며 핵포기 의사가 없음을 못 박았다. 북한의 주의·주장·논평·성명엔 "핵포기나 변화(變化)는 꿈도 꾸지 말라."는 문구가 입버릇처럼 붙어 있다.[22]

중간은 없다. 망해 갈수록, 끝나 갈수록 남한을 향한 공갈·협박·도발을 더해 갈 것이다. 소위 조선민주주의인민공화국 헌법과 조선로동당규약에 나온 북한체제의 존재이유 "주체혁명 위업 완성"이라는 적화통일을 향해 브레이크 없이 달려간다.

또다시 말한다. 북한의 '내구성 한계'와 '핵개발 성공'은 도발의 차원을 바꾸어 버렸다. 핵무기를 병풍처럼 들여놓고 국지전·비정규전 도발로 가거나 남한 내 간첩을 동원해 미니 핵으로 장난치기 시작하면 이런 긴장은 일상이 된다.

핵(核)공갈의 상습화(常習化)는 최악이다. 긴장이 커지면 외국 자본은 빠져나가고 주가는 폭락할 것이다. '경제를 위해서' '평화를 위해서' 또 온갖 여러 가지 이유로 타협할 수밖에 없게 된다. 돈을 달라면 돈을 주고 쌀을 달라면 쌀을 주며 비료를 달라면 비료를 주는 것!

돈·쌀·비료를 안정적으로 뜯기 위해 여의도를 장악해야 한다. 북한은 도발에 나서고 종북(從北)은 중재해 정치적 이득을 챙기는 모델. 그 결과 從北 그리고 이들과 연대한 소위 좌파·자칭 진보는 각종 선거에서 '평화세력'으로 분식한 채 약진할 것이다. 먹고살기 바쁜 생계형 보수층의 조직적 저항도 불가능하다. 웰빙주의 보수정당이 대리전을 벌일 리도 없다.

자유통일을 피하면 타협 외엔 길이 없다. 이것이 6.15선언과 10.4선언[23]에 나오는 연방제요, 9.19합의 2.13합의[24]에 나오는 평화체제다. 북쪽은 김정은이 장악하고, 남쪽은 종북'좌파'진보와 소수의 기회주의 세력이 연대(連帶)하고 장악하는 사실상(de facto)의 적화(赤化)다.

4장

자유통일을 피하면 결국 赤化로 간다

핵무기 소형화·경량화 성공했다는 이석기

북한의 내구성 한계와 핵개발 성공 말고도 변수가 더 있다. 종북(從北)의 발호다.

'이석기[25] 사건'은 자유통일을 피할 때 벌어질 '사실상'의 적화가 '완전한(perfect)' 적화로 전개될 수 있음을 암시한다. 2014년 2월 17일 1심에서 주범 이석기가 12년 형을 선고받은 이 사건의 개요는 소형화·경량화·다발화된 핵무기를 배경으로 북한이 도발할 것을 전제한다. 북한이 국지전·비정규전을 벌일 때 우리는 무엇을 할 것인지 고민한 것이 소위 이석기의 혁명조직 아르오·RO(Revolutionary Organization)였다.

언론에 보도된 'RO 회합 대화록(요약)'에 따르면, RO는 유사시 벌어질 "국지전(戰)에 대비해 집결지·이동루트가 필요"하며 "통신·철도·가스·유류 차단(遮斷), 철도 파괴(破壞)" "80만 원짜리 장난감 총의 가스쇼바를 개조하면 총(銃)으로 쓸 것" "폭탄(爆彈) 제조" 등을 주장했다.[26] 특히 이석기는 핵무기 얘기를 반복해 말했다. 그의 말이다.

"전 세계에 최근에 자료를 보니까 6kg 미만의 최소 경량화(輕量化)

해서 핵무기로 개발할 수 있는 나라가 전 세계 3~4개밖에 안 된다고 한다. 특히 이번에 이룬 게 엄청난 거다.(핵 보유 등을 설명한 후) 여기서 나온 게 이른바 전면전이 아닌 국지전(局地戰), 정규전의 전면전이 아닌 비정규전(非正規戰) 이런 상태가 앞으로 전개가 될 것이다."

"전쟁(戰爭)을 준비하자. 정치·군사적 준비를 해야 한다. 기술 준비가 필요하다. 포괄적으로 물질적 준비를 갖추자. 그렇게 하면 좋을 텐데 조금만 더 정교하게 물질 기술적 준비라고 하는 거다. 정리하면 필승의 신념으로 무장하는 문제. 그러나 정치 군사적 준비 체계를 잘 갖추어서 물질 기술적 토대를 굳건히 하는 거다."

이석기는 북한이 소위 핵무기 경량화, 즉 소형화에 성공했다고 전제했다. 북한이 앞으로 핵을 사용해 전면전이 아닌 국지전·비정규전 형태로 도발에 나서면 소위 "남녘의 혁명가는 고난을 각오하여" "필승의 신념으로 무장하고" "정치 군사적 준비를 해야 한다. 기술 준비가 필요하다."고 작정한 것이다.[27]

녹취록 내용은 재판과정에서 그대로 공개됐다. 이석기도, 변호인도 발언 자체를 부정하지 못했다. 다만 이것이 내란을 목적한 것이 아니라고 변명하는 수준이다. 예컨대 '철탑을 파괴하는 것이 군사적으로 굉장히 중요하다.'는 발언에 대해선 "한 노동자로부터 어마어마한 철탑을 철거할 때도 첨단공법이 필요하다는 얘기를 들어서 신기한 마음이 들었다. 대중의 도움을 얻으면 창조적 발상이 무궁무진 하다는 얘기를 하려고 했다."고 해명했다(1월 27일 공판).[28]

땅속·하늘·바다로 특수부대가 내려온다면

만일 녹취록 내용이 현실이 되면 어떻게 될까? 북한이 핵무기 소형화·경량화·다발화에 성공한 뒤(물론 이미 성공했을 수 있겠지만) 특수부대를 동원한 경우를 상상해 보자.

북한 특수부대는 세계 최고수준이다. 가장 살벌하고 잔인하다는 것이 더 정확한 표현일 것이다. 부대원 20만 명(한국 특수부대 2만)은 숫자 이상의 의미를 갖는다. 투철한 사상무장, 소위 '자폭(自爆)정신'으로 똘똘 뭉쳐 있다. "사상 없는 총대는 빈 막대기에 불과하다!"는 것은 구호. 고교 이상 졸업자 중 성분 양호·신체 건강한 자들로 선발되며 모두 노동당원이다. 김일성은 1969년 그렇게 일갈(一喝)했다. "경보병(특수부대원)은 원자탄보다 위력이 강하다."

북한 특수부대 1명은 3~15명을 상대로 이기는 훈련을 한다. 매일 단검 투척 연습 30분 이상. 25kg 군장을 매고 120km를 주파한다. 하루에 판문점에서 평택까지 간다는 말이다.

특수부대 침투경로는 땅속, 하늘, 바다 모두다. 휴전선 인근 20개의 땅굴(1995년 미국 '북한 군사 백서'는 휴전선 인근 땅굴을 20개로 잡았다)로 수도권을 파고든다. 북한의 남침용 소형 잠수함 70여 척. 세계 4위 수준인 북한의 잠수함도 침투용 무기다. 글라이더처럼 낮게 날아 침투하는 AN-2는 300대에 달한다. 기타 공기부양정 등등.

1996년 강릉에 무장공비가 잠수함을 타고 침투했다. 당시 10여 명의 침투요원 소탕을 위해 군단급 병력이 동원됐다. 특수부대 1,000명이 내려오면 어떻게 될까?

시나리오 하나! 북한이 핵무기를 작게 해서 미사일에 장착했다! 핵무기를 휴전선 뒤에 깔아놓은 뒤 20만 특수부대 요원들이 휴전선 인근 땅굴은 물론 잠수함, AN-2에 나눠 탄 채 바다와 하늘로 내려온다! 그때 RO 같은 지하조직이 철탑을 파괴하고 유조창을 파괴하며 철도·교량 등을 마비시켜 후방교란에 나선다!

이것이 2015년 12월 한미연합사 해체 이후 발생한다면? 6.15와 10.4선언에 나오는 연방제[29]나 소위 평화체제가 실현돼 미군이 철수한 이후 또는 형식적으로 잔류한 상황에서 발생한다면?

한미연합사가 해체되면 주한미군의 자동개입은 불가능하다. 무엇보다 남북한이 연방제나 평화체제로 묶인 상태에서 발생하는 내전(內戰)에는 외국군이 '절대로' 개입할 수 없다. 1975년 베트남이 그렇게 무너진 것이다.

시나리오 두 번째, 핵무기를 실전배치한 북한이 기습전(奇襲專)을 통해 수도권 이북을 장악한 뒤 '휴전(休戰)'을 제안한다! 정체불명 불순세력이 기간시설을 파괴하며 후방교란에 나서고 종북·좌파·진보는 '민족끼리 전쟁하지 말고 협상하라.'며 대규모 촛불시위를 전개한다! 그들은 이렇게 외칠 것이다. "남북 간의 불미스런 교전이 생겼지만 일단 진상규명하기 위해 휴전하라. 핵전쟁이 터질지 모른다."

정부는 선택의 여지가 없다. '주가가 떨어져 경제가 망하는 것보단 낫다.' '핵공격을 받을 수는 없다.' '같은 민족끼리 전쟁은 피하자.' 등 다양한 이유로 일단 휴전에 나서야 한다. 땅따먹기 하듯 한국은 북한과 종북의 반(反)대한민국 쓰나미에 빨려갈 것이다.

시나리오 세 번째! 국방대 문장렬 교수는 2014년 2월 7일 '북한 핵(核)미사일 위협과 한국의 대응전략' 세미나에서 "현재 북한 핵무기는 20기 수준"이라며 "2016년에 17~52개(중간 값 약 34개), 2018년에는 중간 값 43개 수준으로 늘 것"이라고 전망했다. 김진무 한국국방연구원 책임연구원은 2013년 발표한 논문(세종대학교, 'Global Affairs' 등)에서 북한이 농축우라늄에 의한 핵무기 제조, 핵탄두의 소형화(경량화), 이를 스커드 미사일 등에 장착하는 핵미사일화에 성공하였을 가능성이 높다고 평가했다.

이런 식이면 3년, 6년 시간이 갈수록 한국은 정교해진 북한 핵무기 앞에서 인질로 전락한다. 북한이 개량된 핵을 흔들며 국지전·비정규전 도발을 벌이고 남한 내 종북(從北)은 평화를 위한 타협을 강제할 것이다. 한국은 외국자본 철수를 막기 위해, 주식시장 폭락을 막기 위해, 경제를 살리기 위해 북한의 요구에 무릎 꿇어야 한다. 퍼주는 것은 시작이다. 한국의 정치계·언론계·문화계·종교계 모든 영역들은 소위 '한반도 평화'를 외치는 종북(從北) 또는 그들과 연합한 진보·좌파·기회주의 세력들로 메워질 것이다.

북핵과 종북을 머리에 이고 시간만 때우다 보면 6.15, 10.4선언 연방제와 이를 국제적으로 공인하는 평화체제는 피하기 어렵다. 첫 번째와 두 번째 시나리오, 즉 완전한 적화를 피해도 사실상의 적화는 막을 수 없다는 말이다. 이것이 세 번째 시나리오다.

기기묘묘한 남북연합 과정에서 김정은 정권이 무너진다 해도 북한과 연결된 한국은 심각한 내상(內傷)을 받게 된다. IMF 이상의 환란을 겪게 될 것이다. 명쾌한 결론이 나온다. 북한이 빨리 망하지 않으면 한국이 망한다.

"전쟁 터지면 남조선인 4,000만 모두 죽여야"

첫 번째, 두 번째 시나리오에서 말하는 완전한 적화(赤化)는 무엇을 뜻할까?

1995년 탈북한 이충국(李忠國) 씨는 일본에서 북한의 군사에 관한 저서 『金正日の 核と軍隊(김정일의 핵과 군대)』를 냈었다. 그는 이 책에서 북한에서 1993년 9월 북한군 상좌 황창평으로부터 받은 정치교육내용을 아래와 같이 전했다.

"전쟁이 터지면 남조선인 4,000만을 모두 죽이지 않으면 안 된다. 어린 시절부터 반공교육을 받아 왔기 때문에 통일이 된 후에도 절대로 공산주의를 인정하지 않을 것이기 때문이며 그들을 공산주의로 무장시키는 것은 불가능하다."

공교롭게도 북한은 2013년 말 '전시사업세칙'을 개정했다. 남한 내 북한의 소위 애국세력, 즉 종북(從北)세력 요청이 있을 경우 '전시상태'를 선포할 수 있다는 것이다. "남조선에 혁명(革命)이 일어나면 같은 민족의 입장에서 방관할 수 없다. 남조선 인민을 적극적으로 도울 것"이라는 김일성 교시는 북한의 핵무기 개량과 함께 여전히 살아 있다.

북한과 핵무기, 남한의 종북은 공동운명체다. "주체혁명 위업의 완성"을 위해 북한은 '끝없이' 도발할 것이고 핵무기를 개량할 것이며 종북을 부추길 것이다. 종북 문제가 적당히 무마돼 넘어가 버리고 핵무기는 더욱 개량돼 간다면 북한의 도발(挑發)과 종북의 난동(亂動)도 마지노선을 넘게 된다.

'핵무기 + 종북'의 고리를 부수지 않으면 '사실상의(de facto)' 적화는 멈추지 않은 채 '완전한(perfect)' 적화로 진행될 수밖에 없다는 말이다.[30]

달리 말해 '급진적 적화'로 갈 위험을 안은 채 '점진적 적화'의 수렁에 빠지고 있는 것이 한국의 현재다. 살길은 종북을 막아내며 이들의 본진인 평양정권을 끝내는 것뿐이다.

법무부, "진보적 민주주의는 김일성 사상 도입"

심각하다. 이석기 RO는 몇 사람의 극단주의자 문제가 아니다. 이들의 뒤에는 통합진보당이라는 10만 명 당(黨) 조직이 있다. 통진당은 이석기 RO 내란 사건을 "박근혜 정부에 의한 조작사건"으로 단정 짓고 비호한다. '일부의 일탈'로 해명하는 게 아니라 무작정·무조건·무비판적으로 감싼다.

통진당은 2013년 11월 위헌정당해산청원이 법무부에 의해 헌법재판소에 제기된 상태다. 법무부는 같은 달 5일 언론에 공개한 통진당 해산 청원 관련 보도자료(이하 자료)를 통해 통진당의 구체적인 위헌성을 목적(目的)과 활동(活動)의 두 가지 측면으로 나누어 설명했다. 이들 자료에 따르면, 통진당이 해산되건 법무부가 해산되건 둘 중의 하나는 사라져야 한다.

통진당의 목적과 관련, 법무부는 "통합진보당의 최고이념인 '진보적 민주주의(進步的 民主主義)'는 북한의 지령(指令)에 따라 김일성의 사상을 도입한 것"이라고 정의했다.

이어 "진보적 민주주의는 북한 대남혁명전략(NLPDR)과 내용이 동일하고, 통합진보당의 모든 자유민주 체제 위해(危害) 활동의 이념적 기초" "종북 성향의 이념적 기초"라고 설명했다. 통진당이 이 같은 이념으로 인해 "남북 전쟁위기에서 오히려 북한에 동조하고, 북한의 3대 세습을 옹호한다."는 것이다.

법무부는 '진보적 민주주의'의 뿌리를 김일성의 1945년 10월 연설에서 찾았다. 자료는 "김일성이 1945년 10월 '진보적 민주주의(進步的 民主主義)가 인민에게 자유·권리를 주고 나라의 완전한 자주독립을 보장한다'는 강연을 했다."는 사실을 밝힌 뒤 "진보적 민주주의는 북한의 건국이념이 되었고, 통합진보당은 이를 계승(繼承)했다."고

했다.

북한과 통진당 강령의 진보적 민주주의가 내용이 같다는 해설도 나온다. 자료는 "김일성의 진보적 민주주의는 자주, 연대연합, 평등, 부강한 국가 건설, 혁명, 평화를 핵심 내용으로 하는데, 왕재산 사건의 북한 지령(指令)에서 확인된 통합진보당의 진보적 민주주의 내용과 완전히 동일(同一)"하다고 밝혔다.

통진당 강령에 북한의 진보적 민주주의가 수용된 이유는 '북한 지령에 의한 것'이라는 게 법무부의 설명이다. 자료는 "북한이 (왕재산 등 간첩사건을 통하여) 통합진보당(민주노동당)에 관한 지령을 보내, 정책부서를 장악하도록 하고, 이어서 합당과정에서 진보적 민주주의를 지도이념으로 관철하도록 지시했는데, 그 후 그 지령 내용대로 실현(實現)됐다."고 덧붙였다.

법무부는 "통진당은 자유민주주의 체제 내에서의 개혁이 아닌 사회주의 혁명(社會主義 革命)을 추구한다."며 특히 통진당이 주창하는 코리아연방공화국과 관련, "대한민국 자유민주주의 체제로의 통일이 아닌 북한의 사회주의 체제로의 통일을 추구하는 것으로, 북한의 연방제 주장과 동일하다."고 설명했다.

RO 회합, "진보적 민주주의 어원은 수령님 노작"

통진당의 진보적 민주주의 개념에 대한 또 다른 논거가 있다. 이석기 사건 RO 녹취록이다.

공안당국이 밝힌 RO 녹취록에 따르면 홍순석 통진당 경기도당 부위원장은 진보적 민주주의의 출처를 '김일성 노작(勞作)'이라고 밝혔다. 홍 부위원장은 2013년 5월 8일 한 모임에서 "진보적 민주주의는 그 뿌리가 있느냐. 사회주의를 에둘러서 얘기한 것 아니냐?"는 참석자의 질문에 "진보적 민주주의의 어원(語源)이 어디로 가느냐면 수령님께서 (북한을) 건설할 때 '우리 사회는 진보적 민주주의로 가야 한다.' 라고 한 노작이 하나 있어."라고 답한 것으로 돼 있다. 북에서 '수령님'은 김일성, '장군님'은 김정일을 의미한다. 노작은 저서 담화 연설을 뜻한다.

법무부 판단과 RO 녹취록 등을 종합하면, 북한은 왕재산 등 간첩 사건을 통하여 김일성의 진보적 민주주의가 통진당에 관철될 수 있도록 공작했다. 이것은 그대로 현실이 되었다. 통진당의 전신인 민주노동당은 2011년 통진당 창당 직전 강령에서 사회주의를 삭제하고 진보적 민주주의를 내세웠다.

“결정적 시기 RO 봉기, 전단계엔 당이 적화혁명 환경조성”

김일성의 진보적 민주주의를 강령에 규정한 뒤 통진당은 어떤 활동(活動)을 했을까? 법무부는 통진당의 구체적 활동을 이렇게 밝혔다.

“통합진보당은 북한 대남혁명론(NLPDR)을 추종, ‘강온(强穩) 양면 전술’에 따라, 혁명의 준비기에는 혁명역량을 축적하면서 반국가활동 등 적화혁명(赤化革命)을 위한 환경조성에 주력, 혁명의 결정적 시기에는 폭력(RO 담당), 비폭력(공개조직 담당) 등 모든 수단을 동원하여 대한민국의 전복(顚覆)을 시도(…) 혁명의 결정적 시기가 도래해 배후조직인 RO가 무장봉기를 일으키기 전 단계에서는 공개조직인 당을 통해 반(反)국가·이적(利敵)활동.”

요컨대 혁명의 결정적 시기엔 RO가 무장봉기를 일으키고, 그 전 단계에는 공개조직인 당을 통해 반(反)국가·이적(利敵)활동을 하는 강온양면 전술을 통하여 적화(赤化)혁명을 한다는 것이다. 정부는 이 같은 전략이 실천 단계에 왔다고 보았다. RO의 내란 음모·선동이 그것이다. 통진당은 “대한민국을 극복해야 할 대상으로 규정하고, 국회를 ‘혁명의 교두보’, 선거를 ‘투쟁’으로 인식했다.”는 게 법무부의 판단이다. 반국가단체였기에 위헌, 불법, 폭력 여부를 가리지 않았다는 설명이다.

"RO 지시로 광우병 촛불시위 등 참가"

진보적 민주주의라는 이념으로 움직이는 RO와 통진당 활동은 국정원에 RO의 실체를 제보한 이(李)모 씨(46) 증언에서도 잘 드러난다. 이 씨는 2013년 11월 21일 이석기 재판 증인으로 출석, "2004년 12월 RO 가입 이후 RO의 지시에 따라 비정규직·무상급식 등 현안이나 한미 FTA·4대강·평택미군기지 이전·용산 재개발·광우병 촛불시위·쌍용자동차 노조 집회 등 등 반대 시위에 빠짐없이 참석했다."고 주장했다.

이 씨는 특히 "RO 조직원들은 정당 가입이 금지된 ○○○ 등 소속 사람들을 빼면 모두 통진당원"이라며 RO와 통진당의 연계성을 지적하며 "민노당(현 통진당) 수원시 비례대표나 국회의원 후보자도 RO의 세포 모임에서 논의됐다."고 했고, "RO 조직이 결정한 인물 가운데 2명이 전·현직 수원 시의원이고, 통진당 사무총장도 RO 조직원"이라고 했다.

제보자 이 씨는 "RO 조직의 결정은 무조건 따라야 한다."며 "민혁당을 봤을 때 (경기뿐만 아니라) 영남·호남 등 다른 지역에도 RO는 충분히 있을 수 있다."고 말했다.

법무부는 언론에 공개한 자료에서 "개별적 국가보안법 위반 처벌 및 제명·자격심사만으로는 한계에 직면했다."고 표현했다. "현재 통합진보당의 당권을 장악(掌握)한 RO는 극좌세력, 그 외 당직자는 RO에 대한 비호(庇護)·묵인(默認) 세력"이라며 "통합진보당 전체의 종북(從北) 정당화에 따른 개별 조치의 한계(限界)에 직면했다."고 밝혔다.

RO에 장악된 통진당, 경기 이외 전역에 흩어져 있을 제2, 제3, 제4의 RO가 있다는 증언 등을 종합하면, "한계에 직면했다."는 법무부 표현은 과장으로 보기 어렵다. 헌법재판소와 사법부는 이런 실체적 위협 앞에서 어떠한 판결을 내릴 것인가? 통진당, 이석기, RO에 유리한 판결이 나온다면, 대한민국 정부가 "북한식 사회주의·대남혁명노선·적화혁명을 추구한다."고 밝힌 어떠한 세력도 더 이상 법으로 막을 수 없다는 것을 뜻한다.

5장

미친개는 몽둥이가 약이다

평화와 통일을 망쳐 온 '햇볕정책'

햇볕론자들[31]은 김정은 정권의 퇴로를 만들어 주라고 말한다. 핵무기나 종북주의(從北主義) 문제에 침묵해 온 이들 그룹은 "돈·쌀·비료를 주다 보면 북한이 변화할 것이다!" "북한을 자극하면 고슴도치가 돼 한국을 찌르게 된다!"고 목청을 높인다. 꽤나 설득력 있게 들렸다. 국민은 '혹'했고 1997년 이후 그렇게 했었다. 김대중·노무현 정권 10년간 북한에 69억 5,000만 달러의 금품이 흘러갔다. 소박한 기대는 철저히 무너졌다. 더 악질적 3대 세습이 나왔고 2006년 10월 핵실험까지 마쳤다.

핵으로 무장한 국가형 마적단은 2010년 천안함·연평도 도발로 막나가기 시작했다. 2013년이 되자 "전면전·핵전쟁" 말 공갈도 선을 넘었다.[32] 햇볕론자들은 새로운 해가 솟아도 똑같이 말한다. '돈·쌀·비료를 주다 보면 북한은 반드시 변한다!' 무너질 바벨탑을 자신이 쌓으면 이번엔 무너질 리 없다며 오만한 표정을 짓는다.

'햇볕정책'은 대북정책의 포퓰리즘(populism)이다. 교류(交流)·협력(協力)·지원(支援)을 하다 보면 북한이 개혁·개방한다는 것으로, 실은 돈을 주고 평화(平和)와 통일(統一)을 사자는 것이다. 그럴싸해 보이지만 거짓이다. '햇볕정책'은 1990년대 중·후반 대량아사로 망해 가던 공산주의 정권, 주체사상 체제를 되살려 냈다. 결과적으로 평화(平和)도 멀어지고 통일(統一)도 요원해졌다.

김일성 가문의 숨통이 끊기지 않는 한 이 엉터리 햇볕정책도 끈질긴 생명을 이어갈 것이다. 그래서 사실(fact)과 통계를 통해 비판한다. 1998~2007년까지 한국정부에서 북한정권으로 흘러간 현금과 현물은 확인된 액수만 69억 5,950만 달러다.[33] 국제곡물가격으로 환산하면 69억 5,950만 달러는 북한주민 2,400만 명의 최소 23년치 식량 값이다. 이와 같은 대북지원을 북한주민들 식량 사는 데 썼다면 북한에서 23년간 한 명도 굶어죽지 않았을 것이다.[34]

대북지원은 23년치 식량 값

돈과 쌀을 받은 북한서 일어난 유일한 변화는 전력(戰力)증강이었다. 2000~2006년 북한의 군사비 지출은 1999년에 비해 3배 가량 늘었고 그 이후로도 북한의 군사비 지출은 계속 늘었다. 북한은 남한의 대북지원을 바탕으로 '대량살상무기(WMD)' 개발에 집중했다. 같은 기간 북한은 핵무기 실험(2006년 10월 9일)에 나섰고 생화학무기를 세계 3위, 미사일을 세계 4위로 끌어올렸다.

미국 국제전략문제연구소(CSIS)가 발표한 '아시아 군사력비교(2002~2010년판)'을 종합해 보면, 북한의 늘어난 군사비가 잠수함(submarine)과 상륙정(landing craft)에 집중 투자됐다.[35] 잠수함과 상륙정은 20만에 달하는 북한의 특수부대를 한반도 전(全) 해역에 침투시킬 수 있는 무기다. 美해군정보부(ONI)는 북한을 "세계 4위의 잠수함강국"으로 파악한다. 북한의 세계적(?) 잠수함 능력은 2010년 3월 26일 천안함 폭침(爆沈)으로도 확인됐다.

이명박 집권 후에도 햇볕의 기조는 바뀌지 않았다. 북한의 잇따른 도발로[36] 북한으로 가는 달러 중 '인도적 지원'은 줄였지만,[37] 북한으로 가는 달러 중 또 다른 항목인 '남북교역액'은 폭증했다. 개성공단이 대부분을 차지하는 남북교역액은 MB 5년간(2008~2012) 90억 9,600만 달러(9조 9,601억 원)에 달했다. 노무현 정권 5년간 56억 2,400만 달러(6조 1,582억 원), 김대중 정권 5년간 20억 2,500달러(2조 2,173억 원)였다. 김대중 시절보다 5배 가까이 늘어난 것이다.

햇볕정책, 즉 교류·협력·지원을 통해 천문학적 현금과 현물을 퍼주자 북한은 3대세습과 핵무장에 성공했다. 평화가 왔는가? 아니다! 1999년 6월 제1연평해전, 2002년 6월 제2연평해전, 2006년 10월 핵실험, 2008년 7월 금강산 관광객 박왕자 피격 살해, 2009년 9월 임진강 관광객 수공(水攻) 살해, 2010년 3월 천안함 폭침, 같은 해 11월 연평도 포격으로 이어졌다. 한국은 북한의 공갈과 협박, 전쟁 위협에 직면해 있다.

만일 북한이 남한을 상대로 '진짜' 전쟁을 벌이면 그 원인은 햇볕정책 때문이다. 2,400만 주민의 해방과 구원을 외면한 죄(罪)의 결과, 자신만 살겠다는 이기적 평화, 위선적 민족주의, 타락(墮落)의 열매다. 거짓의 나팔을 불어댄 광명의 천사들 탓이다.

나라는 군사력(軍事力)과 경제력(經濟力)이 약해서 망하지 않는다. 선악(善惡)의 기준이 무너져 거짓·선동·탐욕의 야만이 양심(良心)과 지성(知性)과 문명(文明)을 짓누를 때 무너져 내린다. 한국은 그래서 위기다.

'그럼 전쟁하자는 겁니까?'

'그럼 전쟁(戰爭)하자는 겁니까?' '북한을 자극하면 전쟁이 납니다.' '북한을 도와야 평화가 옵니다.'

김정은 정권을 끝내야 하며 이를 위한 공작(工作, operation)을 주장하는 이들에게 따라붙는 질문과 공격이다. 고전적인 미혹이다. 진실을 말한다. '미친개는 몽둥이가 약이다!' 국가 간 평화는 오로지 힘(power)을 통해 지켜진다. 그것이 역사요, 통계다. 북한 같은 깡패들 앞에선 더욱 그렇다. 악(惡)에 대한 비굴한 타협이 아니라 힘에 의한 단호한 대응이 평화를 지켰다.

예를 들어보자. 6.25사변 포함 2011년까지 국방부에서 공식적으로 제시한 '주요 도발' 사례는 총 221건이다. 이 221건 중 1980년 이후 역대 정권 기간의 북한 도발 횟수를 비교해 보았다.[38] 결론은 햇볕정책 논리와 전혀 다르다. 북한의 도발이 가장 많았던 시기는 김영삼 정권과 김대중 정권 때였다. 연평균 각각 4.8회(총 24회)와 4.6회(총 23회) 도발이 있었다. 다음은 노무현 정권 때였다. 연평균 3.4회(총 17회) 도발.

도발 빈도가 현저히 낮았던 기간은 군인 출신 대통령 집권 기간이었다. 노태우 정권과 전두환 정권 때는 연평균 각각 2.4회(총 12회)와 2.25회(총 18회)였다. 북한에 돈을 주니 오히려 전쟁이 났었다! 단호한 대응이 도발을 막았다! '미친개는 몽둥이가 약'이었다! 그렇다. 오직 '힘'이 전쟁을 막는다.

북한의 도발은 바뀌지 않는 천성과 같다. 6.25 이후 정전협정 위반사례만 42만 5,271건.[39] 6.25를 빼고 나면 가장 큰 도발은 2006년

10월 9일 핵실험이다. 2006년은 어떤 해인가? 북한에 돈을 안 줘 이런 일이 터졌나? 아니다! 2006년은 대북(對北)지원이 가장 많았던 해이다. 그 해 대북지원은 2억 9,828만 달러로서 한국 돈으로 2,982억 원에 달했다.[40] 이 수치는 식량차관(쌀 지원)을 뺀 것이다. 식량차관을 합친 대북지원은 핵실험 다음 해인 2007년이 4,397억 원으로서 최고치였다. 요컨대 돈을 제일 많이 준 해에 핵실험을 했고 핵실험을 한 뒤 돈을 더 줬다는 말이다.

인도적 지원은 왜 사악한 결과를 낳는가

햇볕정책은 사악한 정책이다. 사악한 것이라 사악한 결과를 낳는다.

햇볕정책의 키워드인 교류·협력·지원 중 세 번째 대북(對北)지원을 살펴보자. 대북지원은 '인도적'이라는 수식어가 붙는다. 그러나 소위 인도적 대북지원도 사악한 결과를 낳는다. 왜 그런가?

첫째, 인도적 지원은 '대부분' 북한주민에게 가지 않는다. 북한정권, 즉 군(軍)과 당(黨)이 챙긴다. 군인들과 특권층이 쓰고 남은 물건들은 비싼 값에 장마당에 내다 판다. 나머지 국경을 넘는다. 한국이 지원한 생리대, 결핵약까지 중국 국경 근처에서 매매된다. 어떤 식이건 김정은과 이를 지탱하는 특권층의 사금고를 채워 준다. 그게 인도적 지원이다. 소위 인도적 지원은 바람 앞의 촛불 같은 김정은 체제에 병풍(屛風)을 만들어 주자는 꼴이다.

둘째, 인도적 지원의 '일부'가 북한주민에 간다 해도 정작 북한에서 굶어 죽는 사람에게 가지 않는다. 2000년대 이후 장마당이 등장하면서 북한의 아사자(餓死者)는 수용소에서 집중돼 나왔다. 수용소는 정치범수용소를 포함해 구류장·집결소·교화소 등 다양하다. 아무리 많은 식량이 북한에 간다 해도 이들 수용소 수감자는 혜택을 받지 못한다. 짧게 말하자. 북한에서 굶어 죽는 사람을 막고 싶은가? 그러면 먼저 '정치범수용소 해체 운동'부터 시작하라.

수용소 이외 유리걸식하는 꽃제비도 굶어 죽곤 한다. 그러나 하나같이 배급제(配給制)에서 벗어난 이들이다. 아무리 많은 쌀을 줘도 수용소 시설과 꽃제비에겐 들어갈 리 없다. 변방의 추방지역 주민들도 비슷한 신세다.

셋째, 인도적 지원의 일부가 영·유아 등 취약계층에 간다 해도 북한정권 지원이다. '바늘 하나도 장군님 배려'에 의해 받는 배급제(配給制) 때문이다. 돈·쌀·비료 온갖 물품은 군부대로 가건 영·유아가 받건, 김정은에 대한 충성의 대가로 배급된다. 결과적으로 주민들의 김정은에 대한 충성심(忠誠心)을 강화하고 배급제(配給制)를 복원한다. 북한 공산주의·주체사상 시스템을 되살려내 주민을 영원히 공산주의·주체사상의 노예로 결박해 버린다.

공산주의·주체사상 시스템을 무너뜨리지 않는 한, 당신이 선(善)한 의도로 북한을 도와도 악(惡)한 결과를 낳는다. 분별력 없는 선(善)은 돌고 돌아 악(惡)과 한 배를 타고 간다.

도박·마약에 빠진 동생을 돕는 길은?

마약과 도박에 빠진 동생을 돕는 것과 같다. 동생네 아이가 굶는다고 동생에게 돈과 쌀을 주면 마약과 도박에 탕진할 것이다. 동생이 아이를 살려낼 생각이 있다면 이미 그렇게 많은 아이를 굶주려 죽이지 않았을 것이다. 아이는 물론 동생을 살릴 길은 마약과 도박을 끊게 하는 것이다. 반드시 마약과 도박을 끊게 하는 조건을 붙여서 돈과 쌀을 줘야 선한 결과를 낳는다.

마약과 도박은 북한의 핵무기·미사일 개발 그리고 적화통일(赤化統一) 야욕에 비유된다. 아이를 굶주려 죽이는 동생은 1990년대 중·후반 300만 명을 굶겨 죽인 김정일에 비유된다. 마약과 도박을 끊고 새사람이 되는 것은 북한 공산주의·주체사상 시스템을 끝내는 것을 뜻한다. 요컨대 대북지원은 북한정권 교체(Regime Change)가 전제되지 않는 한 악한 결과를 낳는다.

넷째, 과거 서독의 대(對)동독 지원 시스템과 비교하면 더욱 명료해진다. 소위 인도적 지원을 골자로 한 햇볕정책은 악(惡)한 것이고, 1990년 독일 통일 이전 서독의 '동방정책(Ostpolitik)'은 선(善)에 가까웠다. 동방정책은 단순한 화해협력 정책이 아니라 공산주의 동독의 변화(變化)가 전제돼 있었다. 동독 정권과 주민의 분리를 통한 '인권 개선'과 '개혁 개방'이 목표였다. 헬무트 콜(Helmut Kohl) 총리는 '대가를 받지 못하면 주지 않는다.' '투명성이 보장되지 않으면 주지 않는다.' '동독이 요구하기 전에는 주지 않는다.'는 3불(不) 원칙을 지켰다.

돈을 주고 자유를 사 오는 서독의 '프라이카우프(Freikauf)'는 절정판이었다. 1962~1989년 사이 동독이 억류한 정치범 3만 4,000여 명과 가족 25만 명을 서독으로 데려와 자유를 누리게 했다(통일연구원 통계). 동독주민은 서독의 TV를 시청하고 왕래하며 통일을 꿈꿨고, 동독 영토 한가운데 위치한 서베를린은 서독을 알리는 창구였다.

한국정부는 1998~2007년 69억 5,000만 달러를 줬지만 정치범은 커녕 납북자 한 명도 데려오지 못했다. 개혁 개방도, 인권 개선도 이루지 못했다. 북한주민은 한국의 TV 시청은 물론 왕래도 못 한다.

한국의 많은 종교인들은 북한에 지원을 해야만 한다고 악을 쓰지만, 북한의 정치범수용소, 공개처형, 탈북민 강제송환, 영아살해, 강제낙태 등 전무후무한 인권유린에 대해 말하지 않는다. 북한을 도와야 평화가 온다는 우상에 빠져 있거나 식량을 주지 않아 북한이 도발을 한다는 황당한 궤변(詭辯)을 늘어놓는다. 이들은 북한주민을 사료만 주면 되는 짐승으로 여기는 것인가?

다섯째, 만일 김정은 정권을 되살린다면, 후폭풍은 7,000만 민족 전체가 감당해야 한다. 북한주민을 해방할 기회가 왔는데 이를 팽개친 이기적 선택에 대해, 역사는 준엄한 심판(審判)을 내릴 것이다. 그것이 불황이건, 전쟁이건 아니면 적화(赤化)건, 한민족 전체가 중국의 전체주의 지배 아래 빨려가는 미래가 되건 끔찍할 것이다. 대북지원을 떠드는 이들은 자신이 무슨 일을 하는지 알지 못한다.

여섯째, 북한정권과 상관없이 고아원·탁아소·유치원 등 북한주민을 '직접' 돕는다고 말하는 이들이 있다. 이것은 가능한 일인가? 답한다. 불가능에 가깝다. 적어도 탈북자들을 상대로 지난 14년간 취재한 결과는 그렇다.

고아원은 혁명(革命) 후계자 유가족과 꽃제비 수용소로 나뉜다. 후자는 너무 처참해 외부에 공개할 만한 시설이 아니다. 수용소에 대북지원이 가지 못하듯 후자는 혜택을 받지 못한다. 대북지원은 후자가 아닌 전자에 집중된다. 결국 "주체혁명" 전사들을 길러내는 체제 지원, 정권 지원이 된다. 노예로 결박된 절대다수 주민들을 영원히 노예로 가두는 꼴이다.

탁아소·유치원 등에 가는 물품은 도(道)인민위원회를 거쳐 중앙당 조직부, 국가보위부의 검토를 거친다. 국가보위부는 '체제 유지' '정권 유지'라는 공작(工作)적 가치가 있을 때 외부지원을 받아들인다. 일부가 탁아소·유치원 등에 갈지 모르지만 사실상 북한당국에 제공하는 물품으로 사용된다.

북한 보위부 간부 출신 탈북자 A씨는 "차에다 식량을 싣고 북한 다리를 건너는 순간 모든 식량은 북한 당국의 통제를 받으며 북한 당국을 위한 식량이 되고 만다."며 "5kg 쌀이라도 주민에게 몰래 직접 주는 것은 어려운 일"이라고 평가했다. 요컨대 주민 직접 지원은 극소량(極少量)이 이뤄질 수 있지만 일정량 이상은 현실적으로 불가능하다는 지적이다.

북한은 해체 직전이다. 노인과 어린이. 북한의 가련한 자들을 살리는 길은 하나다. 자유·정보·진실의 식량을 주는 것, 그래서 김정은 정권을 끝내는 것이다. 그것이 가장 인도적인 지원이다. 종교인이라면 적어도 이를 위해 기도는 할 수 있는 것 아닌가?

이 결정적 순간에 대북지원하라는 북한전문가들

답답한 노릇이다. 북한의 문이 열리는 이 결정적 시기에 '대북지원하자'며 목소리를 높이는 사람들을 보는 것은. 이른바 북한문제 전문가들은 지난 20여 년간 끝없이 확인된 진실을 무시해 버린다. 소위 인도적 지원이 북한주민의 삶의 질 개선과 아무런 관련이 없다는 진실 말이다. 그것도 북한이 코너에 몰린 이 마당에.

보수매체에도 헛다리 짚는 기사가 수두룩하다. 장성택 처형 이후 조선일보에 실린 자칭 전문가들의 대북지원 논리는 케케묵은 억지다.[41] 혹자는 모니터링, 투명한 분배를 강조한다. 헛웃음 나오는 말이다. 김정일 시대의 지원도 모니터링, 투명한 분배는 불가능했다. 모니터링, 투명한 분배를 말하는 단체는 모조리 쫓겨났다.

혹자는 북한 주민의 마음을 잡자고 말한다. 역시 코미디다. 마음을 잡으려면 탈북자부터 적극적으로 받아들여야 한다. 중국에 떠도는 탈북자 꽃제비만 수만 명이다. 이쩌, 알쩌, 싼쩌, 쓰저[42] 돼지로 불리며 팔리는 동족 누이들도 헤아릴 수 없을 정도다. 대한민국 체제로 통일을 하고자 한다면 마음을 잡기 위한 심리전을 벌여야 한다.

북한은 암흑의 위세만 가득한 인간 도살장이다. 본질적 인권(人權)

의 문제에 침묵한 채 당(黨)과 군(軍)에 가는 지원만 하자는 주장이 어떻게 주민의 마음을 잡는 길인가? 주민을 상대로 한 끔찍한 유린(蹂躪)과 학살(虐殺)에 눈감은 채 어떻게 통일을 말한단 말인가?

인권의 전제가 없는 지원은 주민의 마음을 잡는 게 아니라 김정은의 마음을 잡는 것이다. '통 큰 지원' 어쩌고저쩌고하면서 조건 없는 지원을 한다면 가장 사악한 야합이 된다.

진정 인도적 지원이 되려면 조건을 붙여야 한다. 탈북자 등을 상대로 한 강제송환·강제낙태·영아살해 중단, 공개처형 등 야만적 처형의 중단, 오혜원·오규원 등 무고한 정치범 석방과 국군포로·납북자 송환, 완전통제구역 등 강제수용소 해체, 남한 TV 등 미디어 시청 허용 등의 조건이 지켜져야 한다.

노예상태인 북한주민은 지원(支援)이 아닌 해방(解放)의 대상이다. 한심한 것은 종교인들마저 '햇볕정책'의 어두운 범죄에 동참하는 행태를 보인다는 것이다. 악(惡)의 방관자, 협력자가 돼 버린 것이다. 햇볕정책을 통한 지원은 북한주민을 해방하고 구원하는 것과는 무관한 공산주의 정권 지원, 주체사상 체제 지원일 뿐이다. 그런데 그것을 '인도적(人道的)'이라며 끝끝내 우긴다.

북한에 대한 지원이 천안함 폭침을 넘어 연평도 포격으로 이어졌다. 명백한 경고(警告) 사인이 울렸다. '햇볕'에 갇힌 자들은 거짓을 반성치 않았다. 김일성 주체사상탑을 세우는 중에도 '선교'를 한다고 말한다. 놀라운 일이다. 죽음의 계곡을 보며 이토록 즐거울 수 있다는 것이.

6장

통일 공포!
대중은
틀렸다.
아니 속고 있다

'간단한' 김정은 정권 종식(終熄) 매뉴얼

장성택 처형은 통일의 여명(黎明)을 뜻한다. 단기적으로 북한체제의 안정성을 강화시킬 수 있지만 장기적으론 내부적 긴장과 갈등을 증폭시킬 것이다. 종북·좌파가 국민을 협박해 이른바 '햇볕정책'이라는 이름의 북한체제 살리기를 재개하지 않는다면 60년 분단은 곧 끝날 것이다. 남북한 반동(反動)세력의 마지막 발악이 거센 것 같지만 뒤집어 보면 자유통일의 기회도 더욱 커졌다. 이제 휴전선 이북을 불법(不法)점거해 온 반란단체를 정리, 피압박 상태인 2,400만을 해방하고 7,000만 국민이 행복과 존엄을 되찾을 결정적 순간을 맞고 있다. 쉽게 말하자. 좀만 더 몰아세우면 북한정권은 무너진다!

어리석다! 자유통일의 광활한 초원을 눈앞에 두고서 머뭇대는 한국인들. 성스럽고 고결한 비전 앞에 허깨비 같은 북한의 '개혁개방(改革開放)론'이나 '교류협력(交流協力)론' '대북지원(對北支援)론' 등 햇볕정책 아류들을 들먹인다. 역사의 시간을 훼방 놓는다.

선포하자. 정의(正義)를 외치자. "김정은 정권 종식! 한반도 전역에 공포와 궁핍으로부터의 자유를!"

정의의 선포는 전략을 만든다. 압박(壓迫, Pressure)과 억지(抑止, Deterrence)다. 북한을 더 조이고(압박) 도발에 대해선 단호히 대응해(억지) 북한의 주체사상 시스템을 끝내는 것이다. 북한이 급변사태로 내폭(內爆)하면 이른바 '작전계획5029', 매뉴얼대로 한미연합군이 북진하여 평양정권을 종식해야 한다. 북한에는 일종의 임시정부를 만들어 짧게는 3년, 길게는 10년 이상 관리체제(管理體制)로 두어야 한다. 북한을 자유화·민주화·생명의 땅으로 만드는 완충기간을 거쳐 자유통일로 진행해야 한다.

통일의 공식은 간단하다. 정의의 선포 그리고 압박과 억지의 실행이다. 압박과 억지의 앞 자를 따서 프레디(PREDE)라 부르자. 프레디는 70년 가까이 진행된 남북한 선악(善惡)의 전쟁을 끝내는 간단한 공식이다. 자유세계가 악의 제국을 누르는 길이다.

북한을 끌어올린 뒤 통일이 된다면 적화통일

많은 이들은 북한정권의 붕괴(崩壞), 아니 한반도 상황의 변화(變化) 자체를 두려워한다. 한국 스스로 북한의 '붕괴(崩壞)'나 '급진적 변화(變化)'를 유도해선 안 된다고 말한다. '갑작스레' 북한정권이 무너지면 전쟁(소위 '북한을 자극해 전쟁이 날 수도 있다.'는 것 등의 억지에 기초한 걱정들), 비용, 난민, 범죄, 지역 갈등, 가치 대립 등 남북한 이질감, 국가 발전 저해 등 부담이 많으니 '천천히' 가자는 것이다.[43] 교류협력이나 대북지원을 통해 북한을 어느 정도 끌어올린 뒤 통일하면 서로 좋지 않냐는 것이다. 그런 두려움 속에서 점진적 적화의 길을 자청해 걷고자 한다.

교류협력을 통해 북한이 개혁·개방할 리 없다. 대북지원이 도덕적 행위도 아니다. 북한 주체사상 시스템의 생산력을 끌어올린 뒤 통일이 될 리도 만무하다. 그런 뒤에 통일이 된다면 자유통일(自由統一)이 아닌 적화통일(赤化統一)일 것이다.

대한민국 국민에게 부여된 헌법의 절대적 명령은 이렇다. '북한정권을 무너뜨려 동족들을 해방하고 통일강국을 건설하라.' 헌법 제3조와 제4조는 이것을 고아(高雅)한 문체로 적고 있을 뿐이다.

통일공포!
천천히 통일하자 또는 통일하지 말자는 국민들

통일에 대한 공포(恐怖)는 수치로 잘 드러난다. 2013년 12월 「조선일보」·미디어리서치 여론조사에 따르면, "남북통일이 하루빨리 이뤄져야 한다."고 생각하는 사람(19.9%)이 20년 전에 비해 절반으로 줄어든 반면 "통일보다 현재가 낫다."는 사람(16.8%)이 2배 이상으로 늘어났다. "10년 후 점진적으로 해야 한다."는 시기 조절론도 48.0%에서 60.9%로 올랐다.[44]

20대의 통일에 대한 두려움은 더욱 뚜렷하다. 위 조사에서 '하루빨리 통일해야 한다.'는 20대와 30대 응답자는 각각 7.6%와 8.9%였다. '현재대로'는 각각 26.8%와 21.9%였다. 60대 이상은 35%가 조속한 통일에 찬성했고, '현재대로'는 13.3%였다.[45] '현재대로'라는 응답자는 '그냥 교류협력(交流協力)하면서 평화롭게 이대로 살면 되기 때문'이라고 답했다.

첫 번째 오해를 풀어본다. '현재대로'를 선택한 이들은 "자유통일을 피하면 결국 적화(赤化)로 간다."는 진실을 모르는 탓이다. 핵무기(核武器)와 종북(從北)에 대한 무지의 소치다. 종북과 핵무기, 두 마리 괴물 앞에서 '현재대로' 간다면 종점은 점진적인 또는 급작스런 적화다.

전쟁과 평화에 대한 미신(迷信)도 심각하다. 조선일보·미디어리서치 여론조사에서 "남북통일을 위해 우리 정부가 북한의 변화를 적극적으로 유도해야 한다고 생각하느냐?"고 물었다. 응답자 70.1%는 "북한 정권을 자극해 역효과가 날 수 있으므로 신중해야 한다."고 답했다. 26.8%는 "북한 정권의 변화를 적극 유도해 통일을 앞당겨야 한다."고 했다.

두 번째 오해를 풀어본다. '북한정권을 자극해 역효과가 난다.'는 것은 "미친개는 몽둥이가 약"이었다는 60년 남북분단의 금언을 모르는 탓이다. 평화는 오직 힘으로 지킬 수 있었다. 돈을 주고 평화와 통일을 살 수 없다. 반복해 말한다. 햇볕정책은 무지와 공포를 먹고 사는 유령이다. 실패한 유물이다.

세 번째 오해를 풀어본다. 자유통일이 겁난다고 북한붕괴를 막아선 안 된다. 왜 그런가? 북한붕괴와 자유통일은 다르기 때문이다. 붕괴(崩壞)가 통일(統一)로 이어질 수도 있다. 그러나 완전한 통일로 가기 위해서는 3년 길게는 10년 이상의 관리체제(管理體制)를 거친다. 이는 군정(軍政), 신탁통치(信託統治) 같은 개념이다.

관리체제 기간 동안 '이동허가제'가 실시된다. 난민이 남(南)으로 내려와 혼란이 빚어질 염려도 없다. 달라지는 것은 한국정부가 북한정권을 대신해 통치하고 북한의 재건(再建)과 특수(特需)를 만들어낸다는 정도다. 완충장치가 있으니 경제적 부담과 사회적 혼란도 줄어든다. 관리체제를 상정하면 '점진적' 또는 '빨리' 통일을 하자는 80.8% 국민은 일단 북한붕괴를 반대해선 안 된다.

통일 이후 혼란에 대한 허풍

네 번째 오해는 통일 이후 혼란상(混亂相)에 대한 걱정이다. 2014년 1월 1일 「조선일보」는 북한붕괴 이후를 심각한 필체로 이렇게 묘사했다. '선거에서 북한 주민과 남한의 소위 진보층이 연합해 소득재분배를 중시하는 정권이 들어설 경우 북(北)에 대한 소득·복지 지원비가 기하급수적으로 늘 수 있다. 북한 주민들이 새로운 체제에 적응하지 못하고 남북 간 갈등이 고조되면 통합 반대 운동이 일어날 수 있다.'는 것이다.[46] 호러(horror)극은 이어진다.

'북한의 자본주의화 및 직업 재교육이 지연돼 노동생산성은 정체되고 임금만 올라갈 수 있다. 과거 통독 때도 동독의 산업생산성은 1년 만에 절반 수준으로 떨어졌다. 이럴 경우 북한 기업 및 북한에 투자한 남한 기업이 부실화하고 전반적 경기 침체로 이어질 수 있다. 통합 과정에서 북 주민이 대거 남한으로 이동하거나 북한 내부에서 유혈 시위가 벌어질 경우 사회·경제적 혼란이 커질 가능성도 있다.'

속이는 글이다. 아니면 무식한 글이다. 북한붕괴 이후 '남북한 좌익의 연합'은 기우(杞憂)다. 적화통일을 획책하는 북한정권이 사라지고 김일성 가문에 당했던 수천 만 강력한 반공(反共)세력이 나타나는 긍정적 변수에 비하면 '새 발에 피' '개구리 오줌' 정도다. 2014년 현재 남북한 좌익의 내란적(內亂的) 상황을 보고도 '유혈시위·난민이동·통합반대·경기침체' 등 혼란상(混亂相) 운운하는 것 역시 공상과학 SF소설에 가깝다.

2014년 한국은 기로에 서 있다. 안으로는 이석기의 RO 등 정치권까지 파고든 반(反)국가·이적(利敵)세력이 판치고, 정당·언론·출판·문화 각 영역에 진지를 튼 종북(從北)·좌파의 거짓·선동은 여전히 거세다. 야당(野黨)은 억지와 궤변을 앞세워 대선불복에 앞장서고, 여당(與黨)까지 합세해 국익과 국민을 무시한 좌경(左傾) 포퓰리즘에 앞장선다. 법과 원칙이 속수무책으로 무너지는 상황에서 강성노조의 집단이기주의가 판을 친다.

밖으로는 막 나가는 김정은 정권이 "핵전쟁·전면전" 공갈·협박을 일삼고 있다. 대한민국 국민들을 향한 북한의 지령과 선동은 거세진다. 커지는 힘을 어찌할 줄 모르는 중국은 꽃게잡이 선단으로, 전투기 편대로 한반도 안팎을 뒤흔들고 있다. 60년 평화와 번영의 안전판 노릇을 해 온 한미일 해양(海洋)동맹은 형편없이 이완되고 깨져간다.

4년 뒤 우리를 둘러싼 위기는 증폭될 것이다. 이때 한국의 선택이 중요하다. 북한 전체주의 정권의 마지막 발악과 이들과 연대한 종북·좌익의 집요한 저항을 막아내 선진국으로 도약하느냐? 북한은 티베트(tibet)처럼, 한국은 남미(南美)처럼 기울어 한민족 전체가 중국의 영향력 아래서 쇠락해 가느냐?

대한민국이 살려면 반(反)대한민국 연합전선과 싸우지 않으면 안 되고, 그 결과 얻게 되는 월계관이 자유통일이다. 무수한 아수라를 돌파한 뒤 도달할 젖과 꿀이 흐르는 토비(土肥)·감천(甘泉)[47]의 도원(桃園)이 자유통일이다. 자유통일의 지고한 가치 아래 종북·좌익은 막아내고 북한정권은 무너뜨려야 한다.

지금은 자유통일과 적화통일의 갈림길이다. 대한민국은 지금 급진적 적화의 위험을 안고서 점진적 적화의 수렁에 빠져들지 모를 기로에 서 있다. 'To be or Not to be, 죽느냐 사느냐'의 찰나에서, 북한붕괴 이후 혼란상(混亂相) 때문에 '살지 않고 적당히 죽는 길로 가자.'는 것은 국가적 자살을 유도(誘導)하는 것이나 다름없다.

7장

자유통일은 대박이다

각(覺)! 깨어나라. 정신을 차려라

다섯 번째 오해. 부풀려진 통일비용에 대해 논하기 전에, 무시무시한 연구결과를 먼저 소개한다. 2013년 고려대 아세아문제연구소는 통일 이후 25년간 북한 1인당 소득이 남한의 25~50%가 되도록 지원할 경우 4,000조 원 이상의 돈이 들어갈 수 있다고 예상했다. 북한 급변사태로 급속히 통합이 되면 남한이 천문학적 통일 비용을 감당하게 될 것이란 얘기다.

자유통일은 인기 없는 정책이다. 알고 있다. 그러나 소위 '통일비용 망국론'이라는 대중의 생각은 틀렸다. 아니 지식인의 가는 혀에 속고 있다. 각(覺)! 깨어나라. 정신을 차려라. 자유통일은 탈출구(脫出口)다. 통일 이후 생겨날 각종 골칫거리보다 지금의 골칫거리가 더 심각하다. 통일은 비용(費用)보다 이익(利益)이 더 크다.

필자는 통일에 대한 공포를 없애기 위해 '통일비용' 역시 3단계로 정의해왔다.

첫 번째 단계의 통일비용은 북한사람을 당장 '굶어 죽지 않게 하는 데' 쓰이는 돈이다. 황장엽 선생이 말했다. "1년에 북한에서 부족한 식량은 100만 톤 정도다." 100만 톤? 이 정도면 정부가 천안함 폭침 사건 이전까지 원래 주던 양이다. 예전에 주던 것을 주기만 한다면 북한의 기근을 없애는 데 추가(追加)비용이 필요 없다는 것이다. 앞에서도 언급하지 않았나? 김대중·노무현 정권 당시 지원한 69억 5,000만 달러를 식량 구입에 썼다면 북한주민 23년치 밥값이었다!

자유통일만 되면 북한에서의 '분배투명성'이 확보된다. 북한에 주던 식량이 취약계층에 고루고루 돌아가게 된다. 줄어드는 비용도 상당하다. 김일성 우상화·신격화에 들어가는 예산이 40%(크리스챤사이언스모니터 보도)라고 한다. 국방예산은 14.3%(공식비율)~40%(황장엽 선생의 증언)에 달한다. 한국인아, 걱정 말자. 김정은 정권만 망하면 뜯어가는 건달패가 사라진다. 뙈기밭에 농사만 제대로 지어도 주민들은 함포고복(含哺鼓腹)할 것이다.

'이밥에 고깃국 문제' 해결 GDP 1%

두 번째 단계의 통일비용은 이렇게 잡았다. '북한의 기근을 해결한 뒤 주민들 소원(?)인 쌀밥에 고깃국 문제를 해결하는 비용'.

2010년 12월 국회입법조사처가 펴낸 '한반도 통일비용 쟁점과 과

제'라는 논문에 따르면, "북한주민들의 기대수준이 높지 않다."는 점을 지적하며 "이밥에 고깃국 문제를 푸는 데 대한민국 GDP 1% 정도면 된다."고 적고 있다.

GDP 1%? 이것은 돈도 아니다. 무엇보다 자유통일 이후 천문학적 분단비용(分斷費用)이 사라진다. 줄어드는 분단비용이 워낙 커서 GDP 1%의 통일비용은 큰 부담이 되지 않을 것이다.

분단비용은 남북이 분단되어 있다는 이유로, 안 써도 되는 돈을 쓰는 것이다.[48] 그러나 통일비용은 시간이 지나면 사라지는 한시적(限時的) 비용일 뿐이다. 어느 쪽이 더 국가적 부담이 될 것인지는 명확하다. 분단비용은 남북이 통일될 때까지 지속적(持續的)으로 드는 비용이다.[49]

통일 이후 줄어드는 군사비 매년 89조원

분단비용은 군사비만 해도 엄청나다. 위 논문에 따르면, 군사비(軍事費) 지출은 적정수준보다 30~50% 과도하게 지출된다. GDP 대비 1.5~2% 수준이다. 이 말은 통일만 된다면 군사비가 GDP 1.5~2% 가량 줄어든다는 뜻이다. 북한주민에게 쌀밥에 고깃국 먹이는 데 드는 비용이 GDP 1% 정도라고 해도, 자유통일은 GDP 0.5~1%가 남는 장사인 셈이다.

고려대 아세아문제연구소는 남북한 긴장이 사라질 경우, 국방비 감소분이 20년간 300조 원에 이를 것으로 추정했다. 이로 인해 매년 가처분소득은 8%씩 늘어날 것으로 보았다. 2012년 남한 국민 전체의 가처분소득이 1,112조 원이었다. 요컨대 김정은 정권만 망해도(완벽한 자유통일이 안 된다 해도) 매년 89조 원의 공돈이 생긴다는 요지다.

통일이 되면 군(軍)인력의 생산인력 전환도 가능해진다. 서울대 통일평화연구원은 통일한국의 적당한 군 병력 규모를 35만 명 정도로 보았다. 이 말은 통일이 되면 북한에서 약 80만 명, 남한에서 약 40만 명의 청년이 노동시장에 새로 진입하게 된다는 뜻이다. 이 경우 남한은 연 80억 달러(8조 4,880억 원) 북한은 약 6억 달러(6,366억 원)의 생산량 증가 효과가 발생하게 된다고 한다.

전쟁위험 끝! 북한 리스크 소멸! 신용등급 향상!

분단비용은 또 있다. 바로 북한 리스크다. 그런데 그 리스크가 사라진다. 북한정권이 무너지면 북핵문제가 해결되며 전쟁불안이 사라진다. 남북대치로 인한 한국경제 저평가(코리아 디스카운트·Korea Discount)역시 사라진다. 이것이 통일의 가장 큰 이익 중 하나다.

국가브랜드위원회가 2010~2013년 외국인을 상대로 조사해 보았다. "한국에 대해 가장 많이 떠올리는 이미지는?" 가장 많이 나온 답은 "북한"이었다. 그 북한은 날이면 날마다 한국을 상대로 "핵전쟁·전면전" 공갈을 벌인다. 이런 공갈·협박·도발이 한국에서 외국인을 떠나게 만들고 금융시장을 얼어 붙게 한다. 소위 북한 리스크다.

북한 리스크는 의외로 큰 편이다. 필자 역시 외국에 나가면 "한국은 안전하냐?"라는 질문을 많이 받는다. '김정은 정권을 정리해 통일을 위한 여론을 만드는 것이 직업'이라고 말하면 거의 모든 미국인은 "생명의 위협은 없냐?"고 물었다. 그들이 한국을 핵무기·미사일, 전쟁의 위협에 직면한 위험한 나라로 보고 있기 때문이다.

통일이 되면 모든 북한 리스크가 사라진다. 김근수(현 여신금융협회장) 전 국가브랜드위원회 사무처장은 "통상 우리나라 브랜드가 안보(安保) 위험 탓에 30%가량 저평가된다는 게 연구자들의 공통된 인식"이라며 "통일이 되면 이런 저평가를 없앨 수 있다."고 말했다. 30% 브랜드 저평가? 이게 사라지면 어떤 이익이 생길까?

통일 이후 이자부담 감소만 29조

골드만삭스와 모건스탠리·씨티은행·도이치증권·크레디트스위스·맥쿼리 등 글로벌 금융회사 관계자들은 2014년 1월 1일 한국 언론과의 인터뷰에서 이렇게 밝혔다. "남북통일 후 5년 안팎 시점에서 한국의 국가 신용등급은 한두 단계 이상 오를 것이다." 한국경제가 통일 5년 후 나빠질 것이라 예상한 곳은 한 곳도 없었다.

북한 리스크가 사라지면 한국의 신용등급이 올라가서 미국·독일·싱가포르에 이어 영국·프랑스 등 유럽 선진국과 비슷한 수준이 된다.[50] 그렇다. 신용등급 상승이 브랜드가치 상승이다. 이것은 곧 투자(投資)와 관광(觀光)이 늘어나게 된다는 뜻이다. 해외시장에서 한국 상품에 대한 인지도(認知度)·신뢰도(信賴度)도 올라간다. 같은 물건을 팔아도 가격을 더 올릴 수 있게 된다.[51]

북한 리스크는 외채(外債)에도 영향을 미친다. 현대경제연구원은 남북한 전쟁위협이 사라질 경우 외채(外債) 상환 이자율이 약 0.2% 포인트 감소할 것이라 분석했다. 0.2% 포인트라고 우습게 볼 일이 아니다. 고려대 아세아문제연구소는 이자율이 0.2% 포인트 가량 떨어지면 실제 이자 부담액은 통일 이후 10년간 81억 달러(8조 5,000억 원)가 줄며 통일 이후 35년이면 274억 달러(29조 원)가 줄어들 것으로 전망했다.[52]

자유통일 이후 경제 5% 성장

이제 통일비용의 세 번째 개념으로 넘어가자. 세 번째 드는 통일비용은 북한의 낮은 GDP를 남한 수준으로 끌어올리는 데 드는 돈이다. 쉽게 말해 북한에 철길·도로·항구·도시·공장·기업을 짓는 데 드는 돈이다. 이는 북한재건(北韓再建)에 투입되는 '신(新)국가건설비용'이다.

이는 비용이면서 또한 투자(投資)다. 북한을 새로운 공업 기지로 재건(再建)하고 특수(特需)를 창출해내어 통일편익(便益)·통일이익(利益)을 만드는 투자인 것이다. 각종 연구논문[53]에 따르면, 2015~2030년에 통일이 될 것으로 가정할 경우 향후 10년간 비용도 들지만 이익도 많아서 그 액수는 GDP 대비 5.15~4.65% 수준이라고 보았다.[54] 통일이 경제를 4~5% 성장시킬 수 있다는 말이다.

고려대 아세아문제연구소장인 이종화 교수는 "북한의 막대한 군사비 지출을 생산력으로 전환시키고 낮은 임금을 활용한 제2·3의 개성공단을 만들어 국제적 투자를 받으면 개방화에 성공한 중국·베트남과 같은 모델로 성장할 수 있다."고 말한다. 2050년 무렵엔 노령화로 경제 활력이 떨어지는 영국·프랑스·이탈리아·캐나다 대신 통일한국과 중국·인도·브라질·멕시코 등이 젊고 역동적인 G7 국가로 떠오를 것이란 예측도 많다.

에르하르트 홀트만(Holtmann · 68) 독일 할레대 사회연구센터소장은 '독일이 통일로 얻은 경제 효과'를 "동독 지역의 사회기반시설은 낙후됐고, 동독 주민들의 생활수준도 낮았다."며 "이것이 기업 입장에선 호재였다."고 말한다. "부족한 사회기반시설과 주택을 짓기 위해 동독 전역에서 건설 붐이 일었고, 생활수준이 낮았던 동독 주민들은 정부 지원금으로 여윳돈이 생겨 더 많은 물품을 구입했다. 서독 기업들은 인구 1,600만 명의 거대 내수 시장을 얻었다."는 것이다.

동독의 예처럼, 황폐(荒幣)한 북한은 모두의 기회다. 한국은 GDP에서 건설이 차지하는 비중이 16.4%에 달한다(2009년 기준). 어디선가 건설을 해야 먹고사는 나라, 그게 한국이다. 북한이 열리면 한국은 건설 경기 활황(活況)만으로도 통일특수(特需)를 맞게 된다.

자유통일 이후 북한,
당장 베트남 능가할 것

북한의 투자 메리트는 또 있다. 북한은 전반적으로 황폐해 있지만 거점도시는 쓸 만하다. 대외경제정책연구원이 '북한 주요 도시(都市)

산업 입지 경쟁력 지수'를 산출했다. '평양'은 철도·도로 인프라와 풍부한 노동력을 갖고 있다. '남포'는 중국이나 베트남 수준을 넘는 최고의 산업 입지를 갖췄다. '청진'은 에너지와 항만이 잘 갖춰져 있고 '해주'는 토지와 숙련된 노동력이 많다. '함흥'도 철도·도로가 비교적 괜찮다.

전문가들은 2조 원 정도만 투입해 인프라를 보강하면, 북한이 당장 베트남을 뛰어넘을 것이라 말한다. 세계적 투자가 짐 로저스(Jim Rogers · 72) 로저스홀딩스 회장은 언론과의 인터뷰에서 '나진항'을 높이 평가한다. "결빙(結氷)이 없어 물류와 교통의 중심지가 될 가능성이 높다."며 세계 5대 항구 싱가포르항조차도 향후 나진항에 뒤처질 수 있다는 것이다. 그는 "남북통합이 시작된다면 내 전 재산을 북한에 투자하고 싶다."고도 했다.

북한개발의 강력한 지정학적 매력은 중국·러시아와 한국·일본을 잇는 허브라는 이점이다. 통일 이후 북한의 국토는 리모델링이 필요하다. 개성·평양·신의주 등 한반도 서해를 잇는 축선과 금강산·원산·함흥·나진을 잇는 동해안 축선의 철도·도로를 남한과 이어야 한다. 그러면 초원과 대륙으로 향한 길이 열린다. 서울에서 기차 타고 베를린에 갔다 오고 버스 타고 하바로프스크를 주말여행 삼아 갔다 올 수 있게 된다.

TKR(한반도 횡단 철도)·TCR(중국 횡단 철도)·TMGR(몽골 횡단 철도)·TSR(시베리아 횡단 철도)이 연결되면 서울에서 평양, 신의주를 지나 단둥(丹東), 선양(瀋陽)으로 이어진다. 베이징, 다시 울란바토르를 거쳐 울란우데에서 TSR로 유라시아 대륙을 횡단, 모스크바와 바르샤바·베를린·브뤼셀을 거쳐 파리까지 갈 수 있다. 고속철을 타면 서울에서 베이징까지 4시간 만에 갈 수 있다. 물류비·통행비 감소는 물론 통일한국이 동북아경제협력 허브(hub)가 되는 것도 자명한 일이다.

이뿐 아니다. 북한은 풍부한 지하자원을 가지고 있다. 우라늄 매장량 세계 1위로 알려진 호주의 3배다. 내화(耐火)자재 원료가 되는 마그네사이트 역시 북한이 세계 3위권이다. 금(金)은 세계 1위 남아공의 3분의 1가량이, 철(鐵)은 세계 1위 브라질의 4분의 1가량이 매장돼 있다. 2012년 국회에 보고된 가치는 7,000조 원 이상이다. 반도체 원료로 각광받는 희토류(稀土類)도 풍부하다. 민간연구소인 북한자원연구소는 2010년 자료를 통해 북한의 자원가치를 '1경 1,026조 원'으로 추정했다.

북한은 특히 남한이 수입에 의존해 온 산업용 원료 자원인 철광석·아연·구리 등이 풍부하다. 남한 기업이 북한 지역 지하자원을 직접 개발할 경우, 수송비를 대폭 줄일 수 있다. 국제 광물 가격 상승이나 공급 불안에도 쉽게 대응할 수 있다.

자유통일의 가장 큰 기대가치, '땅값'

대륙(大陸)전략연구소 박승제 박사는 자유통일의 가장 큰 기대가치는 '땅값'이라고 밝혔다. 4조를 투자한 새만금 지역이 40조 원 가치가 되었듯 북한의 자유화 이후 토지가격은 그 즉시 수십 배에서 수백 배 상승할 것이라는 지적이다. 박(朴) 박사는 "토지개발로 얻어질 이익은 통일비용을 초기단계에서 상쇄해 버릴 것"이라며 "다국적 기업이 더 좋고 더 넓은 부지를 찾아 북한에 달려오면서 그 이익은 더욱 커질 것"이라고 말했다. 단적으로 말하자면 '북한은 모두 김정은 땅이다. 김정은 땅만 뺏어도 통일비용은 상쇄된다!'

북한개발의 또 다른 장점이 있다. 에르하르트 홀트만(Holtmann) 독일 할레 대 사회연구센터 소장은 언론과의 인터뷰에서 '독일과 비교해 한반도 통일의 이점'을 이렇게 들었다. "북한 사회가 과거 동독에 비해 기술 수준은 떨어질지 모르지만, 시장 경제엔 더 친화적이다. 사람들이 자본주의에 얼마만큼 익숙해져 있느냐 하는 문제는 얼마만큼 숙련된 기술을 가지고 있느냐 만큼 중요하다"

북한주민이 시장경제에 친화적이라는 것은 놀랍지만 사실이다. 북한에서는 1990년대 중·후반 300만 명이 굶어 죽은 '고난의 행군'

이후 시장화가 급속도로 진행됐다. 지금은 과거 동유럽이나 소련, 개혁·개방 당시 중국 수준을 넘어선 것으로 분석된다. 대외경제정책연구원 2009년 자료에 따르면, 북한의 16세 이상 인구(1,737만 명) 중 83%(1,448만 명)가 시장을 통한 '비공식적' 경제활동에 종사하고 있다고 한다.[55]

통일 이후
북한사람이 남한사람 먹여 살릴지 모른다

북한은 주민들 중 시장(市場)생활자가 10명 중 8명을 넘는다. 대부분의 조사 결과가 같다. 나라에서 한 푼도 못 받고 시장을 통해 각자도생(各自圖生)하는 사람들이 70~80%에 달한다는 얘기다. 이들은 텃밭 등에서 얻은 잉여 생산물, 집에서 만든 식료품, 국영 기업소에서 훔친 생필품, 밀수품, 구호물자 등을 사고파는 '거칠고 거친' 자본주의 생활인들이다.

IBK경제연구소 조사에 따르면 북한 내부 사업체만 약 50만 개에 달한다. 이 가운데 40만 개는 식당·이발소 등 서비스업 소상공업체이고 제조업·무역업체는 10만 개 정도다. 북한에 사기업은 있을 수 없지만 국가에 일정한 수익을 바치는 대가로 운영권(運營權)을 위탁받아 경영한다. 상점 주인과 노동자, 수산업 선박 소유주와 노동자 등 사적(私的) 고용 관계도 생겼다.[56]

북한주민의 자본주의 체험은 몇 가지 오해를 없앨 수 있다. 예컨대 '통일 이후 북한사람이 남한사람의 머슴이 된다.'는 식의 발상은 억지다. 북한청년들은 국가나 부모가 보호해 주지 않는 삭막한 상황에서 야생마(野生馬)처럼 살아남은 이들이다. 10대 때부터 두바이 등 중동이나 러시아 등에 보내져 일했던 이들도 많다. 반면 남한청년들은 국가와 부모가 만들어 준 풍요로운 온실에서 좌경화된 문화상품을 소비하며 자라난 나태한 이들이 적지 않다.

통일 이후 한반도는 야생마 같은 북한청년이 이끌고 갈지 모른다. 적어도 남한사람이 북한사람을 먹여 살릴 걱정은 안 해도 된다. 상대적으로 살 만했던 동독사회 주민들과 전무후무한 압제와 폭정 속에서 살아남은 북한지역 주민들은 생활력 자체가 다르다. 그런 독일마저 2014년 현재 총리와 대통령 모두 동독 출신 메르켈과 가우크다.[57] 『총, 균, 쇠』의 저자 제레드 다이아몬드의 말처럼 거친 환경은 거주민의 지능을 높인다.

자유와 질서가 북진(北進)해 약간의 시간만 흐르면 된다. 고통 속에서 훈련받은 기질 센 북한인이 고향땅 재건의 주역이 돼 부흥을 이끌고 갈 것이다. '똑똑한' 남한사람이 '못 배운' 북한사람을 먹여 살린다는 통일비용 망국론은 기우(杞憂)다. 오히려 걱정할 문제는 미움·증오·분노의 젖을 빨며 살아가는 남한의 자칭 진보·좌파, 그리고 나약한 이 땅의 젊은이들이다.[58]

자유통일은 북한주민의 해방은 물론 경제적 풍요와 번영을 뜻한다. 북한 주민들 소득은 통일 35년 후 110배로 뛸 것이란 통계도 있다.[59] 강냉이밥이 사라지고 비만을 걱정할 시기가 올 것이다. '하모니카 주택(일종의 연립주택)'은 아파트로, 재래식 화장실도 수세식으로 바뀔 것이다.

연간 최소 50만 개의 일자리가 생겨 난다. 통일은 일자리다

통일은 곧 일자리다.

자유통일 이후 북한특수가 본격화되면 북한에서도 연간 최소 50만 개의 일자리가 만들어질 수 있다. 자유통일 이후 5~6년의 집중적 투자시기만 따지면 300만 일자리 창출도 가능할 것이다. 꿈이 아니다. 한국이 수출드라이브를 걸기 시작한 65~72년 매년 약 27만 개의 일자리가 만들어졌고 중화학공업 건설이 본격화된 73~79년 사이엔 매년 약 44만 개의 일자리가 새로이 창출됐다.

당장 투입될 관리인력만 따져도 상상을 뛰어넘는다. 수령독재를 지탱해 온 경찰(警察)과 주체사상을 가르쳐 온 교사(教師) 등을 예로 들어 보자. 김정은 정권이 망했으니, 최소 30만~50만 가까운 경찰·교사 자리는 남한의 청년이 메워야 한다. 북한엔 자유를 주면 된다. 경찰·교사 하던 주민들은 몰래 하던 장마당이 자유시장으로 바뀌면 환호할 것이다. 누이 좋고 매부 좋은 일이다.

독일은 통일 이후 동독을 관리할 인력이 모자라, 서독 퇴직(退職)공무원까지 파견했다. 우리도 다르지 않다. 에르하르트 홀트만 소장은 "1989년 11월 9일 베를린 장벽이 무너지고 통일 논의가 시작된 직후 동독의 사회간접자본 재건을 위한 공무원만 1만 명이 추가로 필요했다."며 "한국의 경우도 마찬가지일 것"이라고 말했다. "통일과 관련해 경제, 법, 행정, 사회복지 등 모든 분야에서 한국의 젊은이들이 일자리를 얻을 것"이라는 게 그의 지적이다.

박상봉 前통일연구원장(명지대 교수)은 자유통일이 되면 당장 서울에서 평양까지 30차선 도로를 깔아야 한다고 말한다. 실제 북한이 열리면 도로·전기·통신·상하수도·TV와 라디오는 백지상태에서 인프라를 깔아야 한다. 이때 나올 특수(特需)는 한 세대 이상 지속될 것이고 아마도 국내기업만으로 충당키 어려울 것이다. 자유통일이 실업과 불황을 30년 이상 날려 보낼 것이란 주장은 여기에 근거하고 있다.

시베리아 개발은 한국인 손으로

경제 통합 과정에서 북한은 중화학·경공업 산업의 새로운 생산기지로, 남한은 첨단 지식·기술 산업과 서비스·금융 산업으로 특화하는 '남북 분업 시스템'이 갖춰지게 될 것이다. 동북 3성은 중국의 대북투자(投資) 및 남북의 중국 진출 통로(通路) 역할을 할 것이다. 북한은 섬유·의류·기계·화학 산업 분야에서 숙련된 인력을 많이 보유하고 있으니 해외로 나갔던 남한의 기업도 대거 북한으로 이전할 가능성이 크다.

자유통일은 북한을 평화와 번영의 기지로 탈바꿈시킬 것이다. 한국은 물론 전세계 기업이 철저히 폐쇄된 미개척 북한을 찾아 뛰어들 것이다. 미국 등 국제사회도 북한판 '마셜플랜'을 통해 북한의 재건을 지원할 것이다. 일단 북한이 열리면 중국도 방해할 이유는 없다. 불의(不義)는 참아도 불이익(不利益)은 참지 못하는 게 중국이기 때문이다.

자유통일 이후 남북한 청년은 초원과 대륙, 시베리아로 뻗어갈 것이다. 시베리아는 인류의 마지막 처녀지. 전 세계 지하자원 3분의 1, 전 세계 담수자원 5분의 1, 전 세계 삼림자원(森林資源) 5분의 1이 묻혀 있다. 동해·북극해·베링해·오오츠크해의 한류성 어류는 세계 최대의 어장을 이루고 있다. 남부 시베리아 지역의 만년설·지하수·툰드라·영구동토·빙하 등의 경제가치는 무한대이다.

반면, 러시아는 독자적 시베리아 개발이 어렵다. 가장 큰 이유는 저(低)출산 탓이다. 2006년 UN은 '2050년 러시아는 현재 1억 4,000만 인구의 3분의 1이 감소할 것'이라 경고했다. 러시아는 인류동태학적으로 쇠퇴의 길을 걷고 있다. 이러다 보니 러시아 영토의 36%를 차지하는 시베리아에 머무는 인구는 5%에 그친다. 개발이 정지(holding)된 시베리아는 현재 중국인으로 채워지고 있지만, 자유통일 이후에는 한민족이 시베리아 개발의 또 다른 주역이 될 것은 자명해 보인다.

1인당 GDP, 미국 다음 세계 2위로

통합된 남북한 국토는 22만 3,326㎢로 단번에 세계 85위, 지금보다 2.2배 넓어진다. 남북한 인구는 2030년 추정 7,650만 명이다. 여기에 동북 3성 재중 동포 185만 명, 시베리아 고려인 50만을 더하면 8,000만 한민족 경제권이 형성된다. 인구가 7,000만 명을 넘으면 내부적으로 생산·소비·투자가 연쇄적으로 올라간다. 이른바 규모의 경제(economics of scale)다. 한민족 경제권은 같은 언어와 문화·역사를 가져서, 통합의 효과는 EU보다 훨씬 클 것이다.

7,650만 인구는 프랑스(6,400만), 영국(6,000만)을 앞서는 수치다. 연구가들은 통일한국 1인당 GDP를 3만 달러 이상으로 추정한다. 인구가 8,000만 명을 넘어서면 '3080클럽'에 세계 네 번째로 진입하게 된다. 고려대 아세아문제연구소는 2050년 통일 한국의 1인당 GDP는 주요 23개국 중 미국에 이어 2위에 오를 것으로 전망했다. GDP는 일본·영국·러시아를 제치고 중국·인도·미국·인도네시아·브라질·멕시코에 이어 세계 7위로 예측했다. 강대국이 아닌 초강대국이 되는 것이다.

한국의 청년은 절망할 이유가 없다

필자가 이끄는 한국자유연합은 자유통일을 지향하는 사단법인이다. 청년들을 대상으로 정기적인 행사를 갖는다. 2013년 11월 9일

광화문 KT홀에서 열린 토크콘서트에서 필자는 이렇게 말했다.

교보문고를 가 보십시오. 철 지난 사회주의 열풍입니다. 이 나라를 불평등, 불공정, 소위 자본과 권력의 착취와 억압이 가득한 땅으로 단정 짓곤, 좌파적 해법을 내놓는 책들이 서가를 메우고 있습니다.

아닙니다! 관념론자들의 한심한 말입니다. 사회적 모순(矛盾)의 해결은 사회주의 같은 내향적 수렴(收斂)이 아닌 부국강병이라는 외향적 발산(發散)을 통해서만 가능했고 가능한 것입니다.

헌법 제4조가 명령하는 자유민주적 기본질서에 의한 평화통일, 곧 자유통일은 한반도 지하자원 90% 이상이 매장된 북한이라는 실지(失地)를 되찾아 천문학적 경제특수(特需)를 만드는 길입니다. 7,700만 국민과 2.2배 국토를 갖추고 만주와 시베리아로 뻗어 가는 교역로를 뚫는 길입니다. 침체된 한국의 경제를 한 번에 살려낼 길이 자유통일입니다. 비정규직 해결과 청년실업 극복, 소위 진보좌파가 주창하는 '인간소외'를 넘어설 길은 이미 망한 사회주의를 또다시 실험하는 게 아니라 자유통일을 통한 일류국가 건설에 있습니다. 통일은 일자리요, 탈출구입니다.

이뿐입니까? 아닙니다. 자유통일은 남한 내 '종북(從北)'의 수구적 반역(叛逆)을 끝내고 북한 독재의 패륜적 폭압(暴壓)을 종식해, 70년 분단과 갈등과 내전을 정리할 유일한 승리의 길입니다.

이것은 좌우(左右)·보혁(保革)·동서(東西)·계층·세대마저 뿔뿔이 갈라진 한국을 하나로 뭉치게 할 유일한 통합의 길입니다. 맞아 죽고 얼어 죽고 굶어 죽는 가련한 북한의 2,400만 동족을 해방해 자유와 생명을 회복케 할 유일한 구원의 길입니다. 갈 데까지 가고 있는 이 나라의 거짓, 선동, 부패, 음란을 일소(一掃)해 한 차원 높은 선진사회로 도약할 수 있는 진정한 진보의 길입니다.

한국의 청년은 절망할 이유가 없습니다. '취업이 어렵다?' '경기가 나쁘다?' '상승의 사다리가 사라져 버렸다?' 낙심하고 낙담할 이유도 없습니다. '88만원 세대'의 모욕적 멍에를 벗고 '통일강국(統一强國)'의 파도에 올라타십시오! 조상들이 뛰놀던 초원과 대륙을 누비며 일류국가의 주인공으로 활약하게 될 영웅(英雄)이 바로 여러분입니다!

오늘 이 행사는 여러분을 역사의 무대 한가운데로 초대하는 자리가 될 것입니다. 한국자유연합은 자유통일과 일류국가 완성의 그날까지 여러분과 함께할 것입니다.

8장

저주의 나팔을 부는 사람들

대한민국을 치기 위한 더러운 칼

자유통일이 임박한 지금, 순리를 따르지 않는 자들도 적지 않다. 변화(變化)에 대한 인간의 태생적 두려움도 있겠지만, 북한의 힘을 빌려 권력을 탈취해 온 자칭 진보·좌파의 입장이 그렇다. 이들은 진보·좌파를 자칭하며 북한과 연계해 대한민국을 헐뜯어온 자들이다. 역사의 진보적 흐름과 무관한 사이비 진보다. 왜 그토록 필사적 저항을 하는 것일까? 이유는 이렇다.

김정은 정권의 멸망은 북한과 남한의 자칭 진보·좌파의 연대, 즉 반(反)대한민국 공조의 붕괴를 뜻한다. 자칭 진보·좌파가 김정일에 이어 김정은 정권을 지지·지원·강화시켜온 것은 이유가 있다. 김정은 정권은 밉살스런 대한민국 세력(이들은 보수·우파·애국·자유세력 등 다양한 이름을 갖는다)을 치기 위한 더러운 칼이다. 민족(?)을 살려야 한다며 산소호흡기를 대 주는 것은 결국 자신의 권력(權力)을 지키려는 몰도덕적 앙탈이다.

북한판 홀로코스트 기념관에 전시될 유물들

자칭 진보·좌파는 필사적(必死的)으로 대중을 속여 왔다. '북한체제는 악(惡)이 아니다.'라고 말했다. 남한에 유통 중인 대부분의 고등학교 교과서는 자유통일 이후, 북한판 홀로코스트 기념관에 전시돼야 마땅하다. 정치범수용소, 공개처형, 강제송환, 영아살해. 지금도 멈추지 않고 휴전선 이북에서 자행되는 비통한 학살극을 언급조차 하지 않는다. 진보·좌파적 시각이 강력히 투영된 이들 교과서의 뒤틀어진 선악관은 인류사에 남을 만큼 기념비적(?)이다. 악취가 난다.

한 고등학교 역사교과서는 남북한 정권에 대해 "독재(獨裁)"라는 단어를 각각 36번과 7번 사용했다. 필자(筆者)들은 정치범수용소를 만들어 100만 명 이상의 죄 없는 자들을 학살한 김일성 가문이 자유의 나라를 만들고 풍요의 약속을 이뤄낸 이승만, 박정희보다 선량한 자들임을 호소하고 싶었을 것이다. 지옥행 여권(旅券)을 자청한 사람들 같다.

자칭 진보·좌파는 '북한체제가 악하다 해도 대한민국 체제만큼 악하진 않다.'고 말하고 싶어한다. 남쪽의 초고속 성장 과정에서 빚어진 약간의 실수에 대해선 현미경을 들이댄다. 완벽에 가까운 율법의 작두를 휘두른다. 뼈 빠지게 일만 해 온[60] 아버지 세대에게 욕설을 퍼

붓는다. 그러나 미국 오클랜드 농촌 소년마저 알고 있는 북한의 만행에 대해선 아담(Adam) 이래 가장 너그러운 기준으로 관용한다.

진보·좌파인사 모씨가 대한민국 현대사를 "암살(暗殺)과 학살(虐殺), 고문(拷問)과 처형(處刑), 투옥(投獄)과 연금(軟禁), 재산 약탈(掠奪)과 몰수(沒收)가 이뤄진 암흑시대"였다고 비난한 글을 본 적이 있다. 공산(共産)세력 처벌과정에서 빚어진 몇몇 오·남용 사례를 과장한 것이다. 반면 그는 북한인권 상황에 대해선 충분한 자료가 없다는 이유로 언급을 피한다. '인권'과 '민주'를 쉴 새 없이 써 갈기는 이들의 기준은 휴전선 이북과 이남을 경계로 현저히 갈린다. 몸서리가 처질 정도다.

자칭 진보·좌파는 '북한체제가 악하다 해도 선(善)해질 수 있다.'고 말한다. 한국의 지원(支援)과 교류·협력이 계속된다면 언젠간 북한도 개혁·개방으로 갈 것이라 열변을 토한다. 악마(惡魔)가 다스리는 지옥(地獄)도 조건 없는 남한의 사랑만 있다면 천국이 될 것이라 우긴다. 그렇게 나온 게 '햇볕정책'이다.

'햇볕정책'은 정책(政策)이라는 접미사가 붙은 국가사업 중 가장 어리석은 것이었다. 선악의 기준도 없었고 현실에 대한 고려도 없었다. 김정은은 아버지뻘 고모부를 기관총으로 90발이나 난사하여 죽인 뒤 이튿날 허연 이를 드러내며 키득대는 인간이다. 이런 자가 남한의 달러와 쌀을 받아 챙기면 개과천선(改過遷善)할 것이라는 엉터리가 햇볕정책이다. 이 엉터리가 갖고 있는 유일한 미덕(?)은 자칭 진보·좌파와의 악마적 우애(友愛) 정도다.

자칭 진보·좌파는 또 이렇게 말한다. '북한체제가 악하다 하지만 대한민국 체제 역시 악하다.'고. 비뚤어진 양비론은 사회주의를 인류의 이상적 모델인 양 착각한다. 자본주의·자유주의 또는 악명 높은(?) 신자유주의에 대해서는 맹목적 증오를 숨기지 않는다. 자본주의·자유주의 또는 신자유주의 모델인 한국은 그 자체로 악랄한 체제라 말하고 싶은 것이다.

비뚤어진 양비론의 심층동인(深層動因)은 무지(無知)다. 그리고 대중의 무식을 먹고 사는 지식인의 선동이다. 이들은 '자생적 질서'인 시장경제를, 돈밖에 모르는 맘몬(mammon)주의자들의 배금주의(拜金主義)로 도식화한 뒤 사회주의라는 바벨탑을 쌓아야 한다고 부추긴다. 지식인은 '공짜 복지(福祉)'의 환상을 대중에게 심어준 뒤 권력을 약취한다. 사회주의 사기극은 무너질 수밖에 없었고 언제나 무너져 왔지만, 기생충 같은 지식인들은 앞으론 반드시 성공할 수 있다고 또 다시 야바위판을 벌인다.

북한은 1990년대 중·후반 300만 대량아사로 이미 끝이 난 체제다. 이런 엉터리가 2014년 또 다시 살아서 새해를 맞고 있는 것은 남한의 엉터리 탓이다. 황장엽이 증언한 5만 여 명의 간첩도 있겠고, 1980년대 '위수김동' '친지김동[61]' 하던 김일성주의자들도 있겠고, 대한민국에서 상처 받아 대한민국을 목 졸라 죽이지 않고는 이대로 살 수 없다는 증오업자들도 있겠고, 이미 망한 공산주의 실험을 되풀이 하려는 몽상가들도 있겠고, 악마에 대한 사랑을 종교라 믿고 있는 정신병자들도 있을 것이다.

뿌리가 어디건, 그들은 악마를 변호(辯護)하면서 그로 인해 죽어가는 북한동족의 비명에 짜릿한 쾌감을 느끼는 사상적 사디스트들이다. 이들은 여전히 남한의 정치계·언론계·학계·교육계·문화계·예술계·노동계 각계의 중요한 자리를 꿰찬 채 저주의 나팔을 불어 댄다. 스트레스 속에서 분노(忿怒)와 절망(絶望)에 빠진 대중은 이들이 부르는 로렐라이 타령을 들으며 카타르시스를 느낀다. 그리고 온 나라는 수렁에 빠져든다.

9장

기회주의
웰빙주의
클럽프렌즈

악당의 종범(從犯) 탄생

한반도 전역이 쓰레기장처럼 썩어 가는 것은 남북한 좌익의 대한민국 해체 투쟁에 대한 면역성(免疫性) 결핍 탓이다.

아스팔트와 강단(講壇), 교회 등 애국운동의 산발적 투쟁은 제도권 밖에서 공전(空轉)한다. 만연한 반역(反逆)과 야만적 종북(從北)을 청산하고 북한정권을 평화적으로 해체해 자유통일을 시켜야 할 절박한 상황 아닌가? 그런데 정작 권력의 칼을 쥔 보수여당·보수정부는 무기력하다. 원칙과 가치, 정치철학이 결핍된 이들 사이비(似而非) 보수는 자칭 진보·좌파와 우아한 동거를 즐기며 음풍농월(吟風弄月)한다. 이러니 의병(義兵)은 왜놈과 싸우기 전 관군(官軍)과 싸워야 한다는 말이 나온다.

새누리당 세력(이하 '새세'로 조롱하며 약칭한다)은 '난사람들'이다. 잘나가다 출세해 권력도 꿰차게 된 정치 자영업자들이다. 뼈 빠지고 밸 빠지고 원칙과 가치는 물론 신념(信念)도 이상(理想)도 없는 기회주의·웰빙주의 얌체족들의 클럽프렌즈다.

'새세'는 세상(世上)에 맞춰 사는 데 능한 자들이 모인 곳이다. 세상을 '어떤 식으로건' 바꾸기 위해 싸워 본 적은 없다. 공부 잘해 명문대에 들어갔고 고시에 붙거나 유학을 가거나 메이저 신문사를 다니며 잔뼈가 굵었다. 가끔은 나라 걱정을 하고 좌파나 진보는 취향에 맞지 않지만 이념무장은 제로에 가깝다. 때로는 서툴고 어눌한 말투로 국민에게 애국심을 호소하고 때로는 황당무계한 친북적 행태도 보인다. 냉탕과 온탕을 오가다, 서슬 퍼런 운동권 출신 야당 의원이 언성을 높이면 쪼그라든다. 새가슴이 되어서 "형님·동생"을 찾는다.

2013년 12월 31일. 예산안과 맞바꿔 국정원을 무력화(無力化)하고 국보법을 사문화(死文化)한 국가정보원 개혁특위의 소위 '국정원개혁특위 관련법 개정안'은 그렇게 나왔다. 사나운 야당과 무능한 여당의 야합이다.

지금이 어떤 때인가? 국정원을 북한 국가안전보위부 이상으로 강화시켜야 할 상황이다. 간첩(間諜)을 더 잡고 종북(從北)을 더 막아도 모자랄 판인데, 간첩도 못 잡고 종북도 못 막게 사실상 대못을 박았다. 김정은 정권의 평화적 해체를 위해 더 많은 공작(工作·operation)을 해야 할 때인데 국정원을 반신불수로 전락시켜 버렸다.

야당은 언급할 필요도 없지만 여당도 통일로 가는 과정에서 남북한 좌익과 싸우며 받아야 할 극도의 스트레스가 싫었을 것이다. 통일 이후 기득권이 흔들릴까 지레 겁을 먹은 것일 수도 있다.

황우여·김한길 국보법 무력화 야합

황우여 새누리당 대표와 김한길 민주당 대표가 합의한 소위 '국정원 개혁특위 관련법 개정안'. 이 끔찍한 국가보안법 무력화(無力化) 야합을 좀 더 설명해 보자. 권영해, 김승규, 김성호 등 전직국정원장 9명은 2013년 12월 28일 성명을 통해 이를 "국정원을 축소·해체하기 위한 국정원 개혁"으로 부르며 "대한민국 국익(國益)은 물론, 자유민주주의 체제 수호를 위협하는 과오(過誤)"라고 지적했다. 개정안의 구체적 내용은 이렇다.

① "(국정원) 직원이 다른 국가기관, 정당, 언론사 등의 민간을 대상으로 하는 정보활동을 할 때는 법률과 내부 규정에 위반하는 파견(派遣)이나 상시출입(常時出入)을 할 수 없도록 한다."

이상(以上)의 조항은 민주당이 평소에 주장해 온 "부당한 정보활동 수집 금지"보다는 완화된 것이다. 그러나 국가기관·정당·언론사 등 민간을 대상으로 한 정보활동 시 I/O(정보관)의 상시출입(常時出入)이 금지되며, 법률(法律)과 내규(內規)가 없으면 파견(派遣)할 수도 없다.

민간에 대한 상시출입·파견이 금지되면, 대공·방첩활동의 기본인 내사(內査)활동이 어려워진다. 특히 정당(政黨)에 침투한 반(反)체제 세력이 반란을 꾸며도 증거를 잡을 수 없다. 의사(醫師)에게 진료

없이 처방하고 경찰에게 방범활동 없이 범인만 잡으라는 식이다.

국정원은 2000년 이후 간첩의 90% 이상을 검거했다. 대부분 정당(政黨)에 침투한, 또는 연계된 간첩이었다. 이상(以上)의 조항에 의하면, 국정원은 더 이상 정치권 내 간첩을 잡는 것이 어렵다. 간첩을 잡을 수 없으니 국가보안법(國家保安法)은 유명무실해졌다.

법률과 내규를 만들어 국정원 직원을 파견할 수 있지 않느냐고 반문할 수 있다. 그러나 '국정원을 없애야 한다.'는 민주당이 그런 법률과 내규를 만들어 주거나 내버려 둘 리가 없다.

② 개정안은 국정원 직원의 정치활동(政治活動) 관여 처벌을 아래와 같이 현저히 높였다.

"직원이 정치활동에 관여하는 행위의 집행을 지시받은 경우 원장이 정하는 절차에 따라 이의(異議)를 제기(提起)할 수 있도록 하고 시정되지 않을 경우에는 직무집행(職務執行)을 거부(拒否)할 수 있도록 했다. 해당 직원이 오로지 공익(公益)목적으로 수사기관에 신고(申告)하는 경우에는 비밀 엄수의 의무 규정인 국정원직원법 제17조를 적용하지 않으며, 신고를 이유로 해당 직원에 대한 공익신고자 보호법 제2조 제6호의 불이익 조치하지 않도록 했다."

"직원의 정치관여죄(政治關與罪) 형량을 현행 5년 이하의 징역과 5년 이하의 자격정지에서 7년 이하의 징역과 7년 이하의 자격정지로 강화했고, 공소시효 기간을 10년으로 늘렸다."

요약하면 국정원 내에서 상관이 정치활동(政治活動)으로 의심받을 만한 직무를 명령할 때, 직원은 이의제기권(異議提起權), 직무집행거부권(職務執行拒否權), 공익목적 신고권(公益目的 申告權)을 행사할 수 있다.

문제는 '정치활동'에 대한 정의다. 국정원 댓글 사건에 대한 법원의 판단이 나오지 않았지만, 야당은 국정원 고유의 '대공(對共)·방첩 활동 및 종북(從北)·좌익 대응'을 모두 정치활동으로 규정한다. 특정 정당·특정인물이 거명되지 않은 보훈처의 '안보교육'도 정치활동이라고 할 정도다. 햇볕정책을 비난했다는 것이 이유다. 이런 억지와 궤변에 여당은 상당 부분 동조한다.

정치권 기준에 따르면, 개정조항의 '정치활동'은 논란 중인 국정원 댓글 활동은 물론 종북·좌익 대응, 대공·방첩 활동, 안보교육까지 모두 포함된다. 상관이 이런 업무를 내릴 때 직원은 이의(異義)제기 → 직무거부(拒否) → 신고(申告)를 할 수 있다. 해당 사안을 법원으로 옮겨 완벽히 저지할 수 있다는 말이다. 업무를 내린 상관은 실형을 받으면 무거운 처벌을 받는다. 그런 살벌한 분위기 속에서 '감히' 자유 수호 활동을 지시할 상관은 없을 것이다.

③ "국정원이 세입·세출 예산을 요구할 때 국가재정법 제21조의 구분에 따라 총액으로 기획재정부 장관에게 요구하도록 하며 다른 기

관에 계상할 수 있도록 한 예산도 국회 정보위에서 심사하고, 이 예산의 실질 심사에 필요한 세부 자료를 정보위원회에 제출토록 했다."

"국정원장은 국회에서의 예결산 및 안건 심사와 감사원 감사가 있을 때 성실하게 자료 제출하고 답변토록 했다."

국정원 예산은 이미 국회의 강력한 통제하에 놓여 있다(국정원법 제12조 제4항: 국회정보위에 국정원의 모든 예산에 관하여 실질심사에 필요한 세부자료를 제출하여야 한다). 12월 초 국정원은 이상(以上)의 국정원 개혁안 조치에 대해 "국정원의 모든 정보활동을 국회가 통제하고 승인 감독하겠다는 것"이라며 "입법·사법·행정의 삼권분립 정신을 훼손하는 국회 독재적 발상이며, 국정원의 모든 비밀활동을 불가능케 하는 완전 독소 조항"이라고 밝혔다. 한국자유연합 김필재 기조국장의 해설을 첨부하면 이러하다.

"치열한 정보전쟁을 차질 없이 수행하기 위해서는 정보역량 및 수단 보호가 필수이며, 이 가운데 정보예산은 가장 핵심부분이다. 정보예산이 노출되면 국정원 조직 및 인력규모, 정보활동 방향, 범위, 가용수단 전부가 노출될 위험성이 있다.

특히 예결위 심사를 받게 될 경우 정보예산 내역을 인지하는 관계자가 너무 많아져 심사과정이 좌경(左傾) 언론 등에 거의 무방비 상태로 공개되어 정보기관의 무장해제가 발생할 수도 있다.[62]

미국, 영국 등 선진국들의 경우 정보기관 예산을 철저히 비(非)공개로 하고 있다. 특히 미국의 경우 민감한 정보활동을 회계감사원(GAO) 감사대상에서 배제할 수 있도록 연방법에 명시해 놓고 있다. 이 때문에 미국의 정보기관은 GAO의 감사를 받지 않는다."

소위 국정원 개혁안은 국정원의 간첩(間諜) 검거 기능은 물론 종북(從北)·좌익 대응, 대공(對共)·방첩 활동, 안보교육까지 무력화한 것이다. 국내 파트에 사방팔방(四方八方)·천라지망(天羅地網)으로 족쇄를 쳐놓은 것으로 국내 파트의 우회적 폐지에 가깝다. 민주당은 논평할 가치도 없다. 그러나 이런 황당한 주장에 여당이 동의한 것은 참담한 일이다.

10장

4가지 형태의 심판(審判)

적화, 남미화,
시리아식 내전과 이집트식 혼란

한국이 이대로 멍하니 있다간 어떻게 될 것인가? 북한과 종북을 끝내지 않으면 급진적 적화의 위험 혹은 점진적 적화의 수렁에 빠져들 것이다. 월남은 그렇게 망했다. 73년 1월 남쪽에 위치한 자유민주주의 월남은 공산주의 월맹과 평화협정을 맺었고 3월에 월남에 주둔한 미군이 나갔다. 10년 안에 망한다던 월맹은 미군이 빠져간 뒤 2년 뒤인 75년 남침했고 50일 후 월남은 지도에서 사라졌다.

월남식 적화를 거치지 않아도 시리아식 내전이나 이집트식 혼란, 또는 남미(南美)식 몰락을 겪게 될 것이란 우려도 있다. 한국은 제2의 IMF와 같은 경제 환란을 겪으며 네 가지 재앙 중 하나로 달려가게 될지도 모른다.

자칭 진보·좌파의 공통코드인 반미주의가 만들어 낼 폭풍도 거세다. 한반도 60년 평화와 풍요의 안전판이었던 한미동맹이 한반도에서 약해지면 그 빈틈을 중국이 빠르게 메워갈 것이다. 970여 번의 외침을 당했던 5,000 년 전 과거로의 회귀다. 커지는 힘을 주체할 줄 모르는 중국은 바다에서 마음껏 힘을 뽐낼 것이고 우경화한 일본도 물러서진 않을 게 뻔하다. 만약 제2의 청일전쟁이 벌어져 제주 바다 인근에서 두 나라가 부딪치면 한국은 석유도 수입할 수 없다. 고래싸움에 새우등 터지듯 절뚝대며 한국은 친미파, 친중파, 친북파, 소위 '우리민족끼리파(우끼파로 약칭해 부르자)'가 제각각 떠들고 일어나 혼란만 커질 것이다.

WCC의 섬뜩한 이적(利敵)선언문

참담한 것은 체제의 마지막 안전판 노릇을 해야 할 종교계의 일탈이다. 한 가지 예를 들어보자. 2013년 10월 30일~11월 8일까지 부산에서 열린 세계교회협의회(WCC) 10차 총회는 통일 문제와 관련, '한반도의 평화와 통일에 관한 성명서(평화통일성명서)'를 채택했다. WCC에는 김삼환 명성교회 목사가 한국준비위원회 대표대회장으로 참여했고 대한예수교장로회(통합), 기독교대한감리회(감리교), 한국기독교장로회, 성공회, 기독교하나님의성회(기하성), 예장백석, 구세군 등 한국교회 상당수가 참여했다.

WCC 평화통일성명서는 소위 ▲남북한 교회의 협력과 연대를 골자로 ▲정전협정의 평화협정 대체 ▲북한정권에 대한 경제제재·금융제재 해제 ▲외세(外勢)의 한반도에서의 모든 군사훈련 중단, 즉 한미(韓美)연합 군사훈련 중단과 한미군사동맹 무력화 등 북한정권이 일관되게 주장해 온 요구를 그대로 수용해 놓았다.

이 성명서는 이산가족 방문 등 인도주의적 이슈 해결도 언급했다. 그러나 정작 공개처형, 탈북자 강제송환, 20만이 수감돼 있다는 정치범수용소를 비롯해 구류장·집결소·단련대·교화소 등 각종 수용소 시설에서 자행돼 온 고문·감금·학살, 인권유린에 대해서는 단 한마디도 언급하지 않았다.

성명서는 곳곳에서 미국에 대한 비판을 늘어놨지만, 한반도 평화를 파괴해 온 주범인 북한에 대한 비판은 전무(全無)하다. "주체혁명위업(偉業) 완성"이라는 북한의 대남적화(赤化)음모를 접으라는 충고도 없다. 천안함·연평도 등 온갖 도발·공갈·협박에 대한 비판도 없다. 핵무기·미사일·생화학무기 등 대량살상무기 개발 중단에 대한 촉구도 없다.

북한의 변화에 대한 요구 없이, 북한의 요구를 받아들여야 한다는 일방적 주장만 있다. 한반도 평화를 해치는 김정은 정권의 악행(惡行)에 대해 완벽에 가까운 면죄부를 부여해 놓았다.

'신냉전'은 미국 때문이라는데

선언문은 우선 동북아시아 지역의 소위 '신냉전'을 경고한다. '신냉전'은 바로 미국 때문이며 이로 인해 중국, 일본, 러시아도 움직이고 있다는 것이다.

"동북아시아의 지정학적 지도가 변하고 있습니다. 힘의 균형에 새로운 변화가 일어남에 따라 새로운 '신냉전'의 조짐마저 나타나고 있습니다. 이 지역에 존재하는 미국의 강력한 정치적, 경제적, 군사적 힘 때문에 새로운 긴장이 발생하고 있습니다. 다른 세 국가인 중국, 일본, 러시아도 이 지역에서 적극적으로 움직이고 있습니다."

선언문이 밝힌 해법은 "이 지역에 있는 모든 외세(外勢)들이 한반도에서의 모든 군사훈련 중단, 외국의 개입 중지, 군비축소를 통해 한반도에 평화를 구축하기 위한 창의적인 과정에 참여할 것을 요청한다."는 것이다. 한반도에서 군사훈련은 한미(韓美)연합 군사훈련 외에는 없다. 결국 WCC 요구는 한미연합군사훈련 중단과 한미군사동맹 무력화다. 정확히 북한이 말해 온 것이다.

“미군철수·북핵폐기·남북평화군축을 상호연동하여 해결하고”

선언문은 “현재 상황은 1953년의 정전협정을 대체(代替)하는 평화협정이 긴급하게 필요하다는 것을 보여 준다.”며 “1953년의 정전협정을 대체하여 전쟁상태를 종식시킬 평화협정 체결을 위해 폭넓은 캠페인을 시작한다.”고 주장했다.

평화협정은 곧 외국군 철수를 뜻한다. 월남은 평화협정을 맺었고, 미군이 나갔고, 2년 뒤 망했다. 북한도 “평화협정은… 남조선을 강점(强占)하고 있는 미군을 철거(撤去)시키는 것을 기본내용으로 하고 있다(북한 『백과전서』).”고 정의한다.

한반도에서도 평화협정은 미군철수를 의미한다. 월남패망의 역사적 사례도, 북한의 사전적 정의도 그렇다. 곧 나가느냐, 조금 있다 나가느냐 시간의 차이가 있을 뿐이다.

WCC 선언문은 평화협정을 맺자고 말한다. 성명서에는 나오지 않지만 WCC가 만든 다른 자료에서는 ‘미군철수(美軍撤收)’를 정확하게 주장한다. 2013년 11월 WCC 공식행사장에도 “어떤 방향으로 평화협정이 체결돼야 할까? 미군철수(美軍撤收)·북핵폐기·남북평화군축을 상호연동하여 해결하고 한반도의 평화와 자주적 통일을 보장하는 평화협정이 이루어져야 한다."는 전시물들이 친절하게 걸려 있었다. 북한의 대남(對南)적화공작 포기, 대량살상무기 포기, 개혁·개방, 인권유린 중단 등 평화의 전제가 될 요구는 하지 않고서 말이다. 이런 살벌한 주장을 '긴급하게' 필요하다고 주장하니 섬뜩하게 들린다.

우리가 보듬어야 할 북한은 주민이다. 정권이 아니다.

선언문은 북한에 대한 제재를 풀고, 지원을 하라고 말한다. 물론 그 대상은 주민이 아닌 주민을 폭압해 온 정권을 뜻한다.

"우리는 유엔안전보장이사회가 한반도의 평화를 위해 새로운 노력을 시작하고 북한에 대한 기존의 경제제재(經濟制裁)와 금융제재(金融制裁)를 해제하도록 각국 정부와 함께 협력한다 (…) 북한의 지속적인 인권위기를 고려할 때 우리는 국제사회가 북한 주민들에 대한 인도적 지원(支援)을 시작하고 북한과 협력하여 지속 가능한 개발 프로젝트를 실행할 것을 촉구합니다."

성명서는 "경제제재는 일차적으로 한 국가의 국민, 특히 가난한

사람들을 처벌하는 수단이 된다."며 "북한에 대한경제제재의 전략적 효과뿐만 아니라 윤리적 원칙에도 의문을 제기한다."고 했다.

WCC는 이른바 "지원(支援)"이 핵무기·미사일 등 대량살상무기 개발로 전용돼 온 현실은 말하지 않는다. 이른바 "제재(制裁)"가 대량살상무기 개발, 특권층 사치품 수입과 관련된 품목에 제한돼 있다는 사실도 언급치 않는다. 김정은 정권이 2012년 김일성·김정일 커플 동상 제작 등에 무려 20억 달러를 탕진한 부도덕성에 대해서도 눈을 감는다. 1997~2007년 사이 69억 5,000만 달러, 북한주민이 23년 동안 먹고살 수 있는 현금과 현물을 퍼 줬지만 여전히 북한주민 3분의 1이 영양실조에 시달리고 있다는 진실도 모른 체한다. 2,000만 동족을 인질로 잡고 있는 사악한 정권을 돕는 게 윤리적(倫理的)이라고 목청을 높인다.

"핵무기도 핵발전소도 없애라" 놀라운 양비론

성명서는 핵무기 문제도 다뤘다. 그러나 "핵전쟁" 공갈을 수도 없이 쏟아내고 있는 북한의 핵무기에 대해서는 철저하게 침묵한다. 북핵문제와 원자력발전을 똑같은 악(惡)으로 다루며 "핵무기와 핵발전소의 제거"라는 놀라운(?) 양비론을 전개한다.

"이 지역의 핵무기와 핵발전소들을 완전하고 입증가능하며 돌이킬 수 없는 방식으로 제거하기 위해 동북아지역에 핵무기 없는 구역을 설치하기 위한 조치를 취하고 동시에 세계의 모든 지역에 핵무기에 대한 인도주의적 금지를 위한 새로운 국제협약에 가입함으로서 지구상의 어떤 지역에서도 생명이 더 이상 핵으로부터 위협을 당하지 않도록 한다."

성명서는 일관되게 남북한 교회의 협력·연대를 강조한다. 북한이 세계 최악의 기독교탄압국이며 성경책 한 권만 가지고 있어도 죽거나 수용소로 끌려가는 사회라는 진실은 WCC 결의에 나오지 않는다. "김일성이 하나님"이라고 고백하는 북한의 봉수교회·칠골교회, 이른바 김일성교회와 연합할 것을 되풀이해 촉구한다.

"남북한의 교회가 함께 만날 수 있는 공동의 장을 제공하기 위해 모든 노력을 계속 기울여야 합니다."

"남북한의 사람들과 함께 그들을 위해 기도할 때 우리는 교회와 에큐메니칼 협력단체들이 남북한의 교회와 그리스도인들, 한국기독교교회협의회와 조선그리스도교연맹 사이의 긴밀한 협력(協力)과 투명한 관계 속에서 한반도의 평화와 화해를 위해 새롭게 힘을 내어 함께 노력해야 한다는 구체적인 책임감을 느낍니다.”

“남북한의 교회를 방문하는 연대(連帶) 프로그램을 준비하여 화평케 하는 자와 가교를 잇는 자로서 섬기도록 한다.”

“남한과 북한의 교회들과 그리스도인들을 함께 만나서 화해와 평화를 진전시킬 수 있도록 공동의 장을 제공함으로써 남북한의 교회들과 지속적으로 동행한다.”

성명서는 “우리는 이런 선도적인 활동을 하기 위한 역사적으로 상징성이 있는 시기가 한국이 일제로부터 해방된 지 70주년이 되는 2015년이라고 본다.”고 결의했다. 성명서는 한국의 상당수 대형교회, 수백만 기독교인의 방조와 공모 아래 탄생했다. 이 참담하고 섬뜩한 선언문이 만들어 낼 2015년은 어떤 모습일까? 심판과 재앙, 사랑하는 조국의 몰락이 되는 것은 아닐까?

11장

희망의 이유

새로운 세대의 부흥

2013년 1월, 대통령 선거가 끝난 뒤 필자는 인터넷에 이런 글을 썼었다.

"한 명의 국민으로서, 가장(家長)으로서, 신앙인으로서 지난 5년 최선을 다했다. 전국을 돌면서 한계 이상으로 일했다. 군부대 강연만 300번 가까이 했을 것이다. 전방은 물론 4시간 이상 배를 타고 가야 하는 백령도도 두 번을 찾았다. 교통비가 강연료를 넘기기 일쑤였다. 차를 타고 가며 책을 봤고 글을 썼다. 하루에 몇 차례씩 교회와 기도회 강연을 하기도 했었다.

세상이 알아준 것도 아니고 알아주기를 바라는 마음도 애써 잊었다. 돈 받고 하는 일보다 돈 쓰며 하는 일이 많았다. 절대자와 국가와 가정을 위한 나의 의무였을 뿐이다. 나는 의병(義兵)이었고 그 위치에 감사했다. 2012년 종북(從北)연합세력 집권은 신앙과 가정과 조국을 향한 재앙임을 직관했기에 더욱 육신을 혹사시켰다. 잃어버린 아이 찾듯 산천을 떠돌아 다녔다.

남은 5년, 지난 11년 악전고투를 똑같은 형태로 되풀이하지는 않을 것 같다. 북한의 가련한 동족을 구하고 7,000만 민족을 살리는 길은 인간적 열심을 넘어선 자신의 '부흥(復興)'이었다. 내 안의 어둠이 사라져 빛이 차오를 때 나도 살고, 가족도 살고, 조국도 살아날 것이다. 10년 넘는 전투 끝에 도달한 결론은 이랬다.

이명박 정권에 기대를 하지 않았던 것처럼 박근혜 정권에 대한 기대는 더욱 버렸다. 박 대통령에게 무언가를 바라기 전에 더 중요한 것은 스스로의 변화다. 내 안에 어둠이 사라져 빛으로 가득 찰 때 세상이 변한다. 내 자신의 부흥을 통해, 당신의 부흥을 통해 세상이 바뀌고 사망에 처한 가련한 자들이 생명을 맞게 될 것이다. 부흥을 경험한 이는 조국과 민족을 위한 희생과 헌신을 기꺼이 즐기는 탓이다.

다가올 5년도 쉽지는 않을 것이다. 박 대통령 역시 컬처파워(culture power · 문화권력)를 장악한 종북(從北)·좌파·거짓·음란세력에 포위된 상태다. 급한 불을 껐을 뿐, 갈 길이 멀고 할 일이 많다. 적당히 타협해 가기엔 너무나 절박한 시기다. 남은 5년은 한국의 마지막 기회가 될지 모른다. 이때를 놓치면 가련한 북한동족의 해방은 멀어져 버린다. 자유통일 후 일류국가 달성도 불가능해진다.

박 대통령은 목숨을 걸어야 한다. 그러나 더 중요한 과제는 7,000만 국민을 위해. 우리의 후손을 위해 목숨을 거는 '새로운 세대'가 나오는 것이다. 그러한 이들을 키우는 것이다. 우리가 그러한 세대가 되는 것이다. 대의(大義)를 위해 소리(小利)를 버리는 내 안의 부흥, 희생과 헌신이 국가와 민족과 열방의 부흥을 이끌어 낼 것이다.

새로운 세대-새로운 세력-새로운 흐름, 대한민국을 위한 희생과 헌신을 즐기는 부흥의 세대를 만들어 내는 것, 그러한 세대가 되는 것이 나라를 사랑하는 이들에게 맡겨진 새로운 사명이다."

일류국가가 되기엔 너무나 음란한 백성은 아닌가

그날 이후 1년이 다시 지났다. 과연 한국에 희망은 있는가? 급진적 적화(赤化)의 위험을 안고 점진적 적화의 수렁에서 여전히 헤매고 있지는 않은가? 2013년 말 보수여당마저 국정원 무력화·국보법 사문화에 동의해 준 소위 국정원법 개혁안은 절망의 사인(sign)이 아닌가? 북한해방이나 자유통일은 당대에 불가능한 것인가? 북한이 망한다 해봐야 휴전선 이북은 친중(親中)괴뢰국가로, 이남은 필리핀보다 못한 맘몬의 땅이 되는 건 아닌가? 일류국가가 되기엔 너무나 음란한 백성은 아닌가? 세상을 글로써 막아낼 수도 없고 말로써 헤쳐갈 수도 없는 것인가? 대한민국은 여기까진가?

몇 주 전 시각장애인 목사님이 담임하는 대구의 한 교회를 찾았다. 20여 명의 성도가 모인 작은 이 교회는 한국, 나아가 북한의 부흥을 위해 뜨겁게 기도해 왔었다. 강연 후 '은혜 받은' 목사님과 성도들에게 '대구를 자주 찾기'로 약속한 뒤 KTX에 올랐다.

청년들 모임이 여럿 생겼다. 회개(悔改)와 함께 나라와 민족을 위해 기도하는 모임도 적지 않다. 한국자유연합(한자연) 차원의 행사도 잦아졌다. 한자연 청년들은 개혁(改革)을 앞세운 국정원 개악(改惡) 이후 황우여 대표의 퇴진을 촉구한 기자회견도 가졌다.

한자연의 토크콘서트 행사도 계속되고 있다. 2014년 1월 23일에는 국회에서 '자유통일포럼'이 출범했다. 재야(在野)·재조(在朝)·원로들이 연대해 자유통일을 향한 의회정치 회복을 목표로 내건 시민단체다.

자유가 모든 골짜기를 메우는 날

애국운동 하며 글을 쓰고 강연을 한 지 14년이 흘렀다. 취미 삼아 한 것이 아니라 환란도 많았다. 종북주의자들과 싸우는 과정에서 1억 원짜리 소송을 두 차례 겪었고 그들의 고소·고발로 경찰·검찰·판사 앞에 불려 간 것도 여러 번이었다. 절망은 가시처럼, 때론 송곳이

돼 폐부를 찔렀다.

시련은 모든 혁명가의 운명이다. 그럼에도 새로운 힘이 솟는 것은 내가 믿는 절대자의 존재 덕분이다. 메마른 입술만 쓰디쓸 때 골방에서 희망의 이유를 찾았다. 절대자가 본향(本鄕)으로 부르는 날까지 그는 등대처럼 빛을 밝힐 것이고 눌려 있던 허물진 자들도 그 빛으로 모여들 것이다. '거룩'과 '거룩' '거룩'으로 정결케 된 비전(vision)과 대의(大義), 사랑의 빛이 더 퍼질 때 어둠은 견디지 못하고 북한 땅 흑암도 깨뜨릴 것이다. 그것이 북한해방과 자유통일, 일류국가의 길이다.

평양, 남포, 원산, 의주, 갑산, 영변, 장진 모든 산골짜기에 자유(自由)! 자유! 자유가 퍼져나갈 것이다. 자유가 모든 골짜기를 메우는 날, 절망의 산(山)은 깎여 희망의 돌이 만들어질 것이다. 김일성 가문의 재산으로 태어나 버림받던 백성들은 공포와 궁핍과 저주에서 해방될 것이다. 기회, 희망, 꿈이 없다 투덜대던 청년들도 소망을 품고 사마르칸트를 내달릴 것이다. 남북의 백성, 영남과 호남, 서로 다른 생각으로 산산이 갈라졌던 7,000만은 함께 일하고, 함께 놀고, 함께 싸우며 자유를 땅끝까지 전하게 될 것이다.

노인들에게, 홍조 띤 소년들에게 나는 오늘도 이렇게 외친다.

"눈물겹도록 가슴 벅찬 감동의 쇼파르, 양각(羊角)나팔 소리가 아오지 탄광에 울리게 합시다! 신의주 장마당 구석, 단천의 허름한 여관,

용암포의 무너져 가는 부둣가, 부전령의 무너져 가는 산골초막, 김일성 가문의 역겨운 금수산 미이라보관소와 만수대에 높이 솟은 김일성 동상 앞에도 퍼지게 합시다! 자유와 정의와 평화의 희락(喜樂)을 나만이 아닌 우리가 누립시다!

깨닫게 될 것입니다. 북한의 견고한 야만이 문명의 빛으로 바뀌는 날, 가련한 자들이 인간의 존엄과 가치를 누리게 되는 날, 정치범 수용소가 무너져 억눌린 자들이 해방의 노래를 부르는 날, 중국에 팔려간 한 많은 딸들과 여인이 고향에 돌아와 기쁨의 눈물을 흘리는 날, 생명 걸고 입속으로 기도(祈禱)를 삼키던 노인이 찬양의 제사를 올리는 날, 그날이 'Why We Fight!' 지난날 어렵고 힘들고 괴로운 우리들 투쟁의 이유를 깨닫게 할 것입니다."

흑암의 공격이 있지만 승리도 눈앞에 보인다. 불의(不義)가 아닌 정의(正義)의 승리. 억압(抑壓)이 아닌 자유(自由)의 승리. 거짓이 아닌 진실(眞實)의 승리. 절망의 강을 건너 희망의 대지로. 역사는 언제나 정의의 승리를 적는다. 깊은 심연과 혹독한 정화(淨化)의 시간이 따를지 모른다. 그럼에도 진리를 외치고 진실을 말하는 의인(義人)이 있기에 역사는 전진할 것이다.

한반도 통일을 앞둔 이 땅에서는 의인이 되기 위해 더 엄격한 조건이 요구된다. 그래서 강력한 정의의 선포보다 더 강력한 사랑과

용서와 평화의 마음, 그러한 마음이 충만한 새로운 세대의 출현이 요청되는 것이다. 그들은 자유·인권·시장(市場)·민주주의·법치와 같은 보편적 가치를 확신하되 미움·증오·분노·공포·좌절 같은 어둠의 영, 지옥의 영으로부터 자유로운 새로운 세대여야 한다.

나는 현장에서 그 씨앗을 뿌리며 가냘프지만 아름다운 새싹의 출현을 끝없이 목도해 왔었다. 김일성주의와 이기주의에 잠식된 한반도의 우리 민족은 그 새싹이 자라나 열매를 맺을 때 자유통일을 넘어 일류국가로 자연스레 진입할 것이다. 어둠이 가장 짙을 때 부흥이 왔듯, 한국은 강렬한 생명의 초입에 서 있다. 자유통일의 고결한 꿈은 초자연적 출산을 앞두고 있는 것이다.

주

1. 북한선전매체 '우리민족끼리(www.uriminzokkiri.com)'에 전문이 공개돼 있다.
2. "소왕국" 표현은 '우리민족끼리(www.uriminzokkiri.com)' 등 북한 선전매체에 여러 차례 등장했다.
3. 북한정권을 추종하는 세력들을 가리킨다.
4. 장성택이 등용했던 최룡해는 군부의 신임을 받았던 리영호가 날아간 뒤 군(軍) 최고직인 총정치국장에 기용된 자다. 민간인 출신인 그는 자기 친정인 청년동맹 출신 민간인들을 군 요직에 심고 이권 사업들을 모조리 빼앗아 간다고 전해진다. 원칙 없는 인사, 즉흥적 지시로 야전군인 충성심은 물론 사기도 곤두박질쳤다. 최룡해는 과거 김정일의 기쁨조를 관리한 인물로 더 알려져 있다. 탈북자들은 그가 '장군님 기쁨조'를 뽑는다며 젊은 여성들에게 변태적 성행위를 강요하고 공금을 유용하는 등 방탕한 생활로 악명이 높았다고 증언한다. 현재 김정은은 최룡해 같은 자에 기댈 정도로 궁한 처지일 수 있다는 말이다.
5. 북한주민은 정권에 대한 충성도에 따라 소위 핵심계층, 동요계층, 적대계층으로 분류된다.
6. 간첩 선(線)과 대충의 윤곽을 대국민 공개한 뒤 자수기간을 둬 처형의 강도를 감경할 수도 있다.
7. 김정은은 자신의 미래에 불안감을 지울 수 없을 것이다. 이것은 극단적 공갈과 경호(警護) 강화로 드러난다. 자기 몸뚱이라도 지키려는 노력이다. 실제 김정은은 2012년 말 "나의 경호를 보장하는 사업에 첫째가는 주의를 돌리라"며 '1호 행사(김정은 참석 행사) 비밀 엄수 지시'를 내렸다. 언론보도에 따르면, 김정은은 집권 이후 자신의 관저·별장을 비롯한 전용시설 30여 곳에 장갑차 100여 대를 배치하고 특별열차 전용역(1호역) 주변의 경호 병력을 대폭 증강했다. 과거와 달라진 점은 다음과 같다.
- 1호 행사장 주변 자동소총·수류탄

으로 중무장한 경호병력과 중화기를 담은 검은색 긴 가방을 든 사복 차림의 호위요원들이 배치되기 시작했다.
- 1호 행사장 주변 차량·인원 왕래 제한, 행인들의 시계·담배 압수되고 휴대전화 사용도 금지됐다. (실제로 2012년 7월 26일엔 김정은이 전승절 59주년 기념 모란봉악단 공연을 관람하는 바람에 오후 1시부터 6시까지 평양 시내 모든 휴대폰이 불통됐다.)
- 인민군 보위사령부(기무사 격)는 최근 산하 보위대학(4년제)에 3~6개월짜리 속성 감시요원 양성 과정을 신설했다. 외교 소식통은 "김정은의 군부 길들이기에 대한 반발이 커 감시 인력 확충이 시급해졌기 때문"이라고 했다.
- 중국 공안이 쓰는 헬멧, 방탄조끼, 도로 차단막, 최루탄 같은 시위진압 장비를 긴급 도입하는 등 주민들의 집단행동을 염두에 둔 조치들도 계속되고 있다. 북한은 끓고 있는 주전자와 같다. 안에서 커지는 갈등과 긴장의 증기가 주둥이를 통해 빠져나간다. 이는 외부를 향한 도발로 나온다. 2013년 2월 12월 3차 핵실험과 일련의 대남 공갈·협박이 대표적 사례다. 막고 싶어도 한반도 전체가 급변을 향해 가고 있다.

8. 스위스 개발협력청의 평양사무소장인 카타리나 젤베거 씨는 "농촌 지역 주민들이 나무뿌리나 약초 등 먹을 만한 것들을 닥치는 대로 가방에 담는 장면을 흔히 목격하고 있다."고 2013년 5월 RFA 인터뷰에서 밝혔다. 평양에서 멀리 떨어진 농촌일수록 식량 사정은 훨씬 다급한 것으로 전해졌다.

9. 전쟁 공갈 중에 평양은 고요했다. 4월 6일 「이코노미스트」는 "파종을 위한 땅 고르기가 한창"이라면서 "평양은 전쟁이 아닌 봄맞이 준비에 여념이 없다."고 전했다. AP는 4월 11일 "전쟁 준비보다 도시 치장에 집중한다"며 "총을 내려놓고 잔디를 심는 군인"의 모습을 전했다.

10. "나라를 백화만발하는 지상낙원으로 만드는 것은 장군님(김정일)의 유훈이다. 우리는 이 유훈을 철저히 관철해야 한다."는 (…) 꽃을 심고 가꾸

는 방법을 인민에게 가르쳐 줘야 한다.(…)평양뿐 아니라 전국에 화초공원을 꾸려야 한다."

11. 언론에 보도된 김정은의 간부들에 내린 지시 사항 일부를 인용해 보자. "잔디를 평지에도 심고, 산지에도 심어야 한다.(…)유럽 나라에서 심은 잔디를 보면 심술이 날 정도다. 노동당 제1비서로서 직접 잔디 연구 사업을 맡아 해 보려고 한다. 나는 화분에 꽃을 심어 가꾸듯 집에 잔디밭을 만들어 잔디를 키우고 있다. 간부들도 재배해 보라."

12. 주체사상, 즉 김일성주의를 따르는 주체사상파를 줄인 말이다.

13. 신동아 2013년 4월호에 북한 내부 소식통을 인용해 보도된 그의 말이다. "김정은이 '지금 식량사정이 긴장하지만 우리 사람들은 그저 밥에만 매달리고 있는데, 빵을 먹고도 식사를 하지 않은 것으로 여기면서 또 밥을 먹는다.' '일반 사무원의 하루 알곡 소비량이 500g가량 되는데, 다른 나라에 비해 식량으로 쓰는 알곡 소비량이 너무 많다.' '우리 사람들이 지금처럼 요리 상식이 없어서는 음식을 잘 만들어 먹을 수가 없으니 요리법 등을 담은 녹화 편집물을 DVD로 제작하면 좋을 것이다.'라고도 언급했다."

14. 2012년 11월 19일 조선중앙TV가 보도한 김정은의 언급은 이랬다. "승마는 사람들에게 용감성과 대담성을 키워주는 대단히 좋은 운동이며 말타기를 많이 하면 노동과 국방에 이바지할 수 있는 건전한 정신과 튼튼한 체력을 소유할 수 있게 된다. 특히 어릴 때부터 승마 교육을 받고 말타기 운동을 정상적으로 하면 근육이 발달해 어른이 돼서도 허리 병에 잘 걸리지 않게 된다. 컴퓨터에 의한 사무처리를 비롯해 정신노동이 많아지는 것과 관련해 사무원병이 나타나고 있는데, 승마 운동을 하면 이런 병을 미연에 막을 수 있다."

15. 스키를 탈 줄 아는 사람이 없어서인 것 같다.

16. 곱등어관 운영에도 상당한 돈이 쓰인다. 예컨대 울산시 남구 돌고래관 1년 예산은 한국 돈 약 600억 원, 미화

로 약 5,000만 달러 이상 사용되는 것으로 알려졌다. 야생 곰등어 포획이 국제포경규제협약(ICRW)에 따라 불법으로 금지돼 있으니 곱등어 한 마리를 사오는 데에만 30만~50만 달러를 줘야 한다. 전문가들은 릉라인민유원지 개발사업에 11억 8,000만 달러가 소요됐을 것으로 추정한다.

17. 2011년 12월 죽은 김정일 우상화에 쓴 돈만 1억 1,000만 달러(약 1,190억 원). 달러로 환산된 구체적 내역은 이렇다. 7개에 달하는 김정일 동상 건립에만 5,000만 달러, '영생탑' 3,200개에 '김정일'이란 글귀를 넣는 공사에 2,500만 달러, '김씨 왕조' 찬양화인 모자이크 벽화 교체에 1,500만 달러. 2,000만 개가 넘는 김일성·김정일 초상화 교체에 2,000만 달러, 김일성·김정일 얼굴이 들어간 '쌍쌍 배지' 제작에 100만 달러.

18. 북한 내부 수상한 조짐은 굳이 더 자세히 다룰 필요가 없다. 미국 내 북한 전문가 랄프 코사(Ralph Cossa) 전략국제문제연구소(CSIS) pacific forum 대표는 최근 리버티헤럴드 인터뷰에서 "결국 북한정권은 몰락할 것"이라고 단언했다. 랜드연구소(The Rand Corporation) 브루스 베넷(Bruce Bennett) 박사 역시 리버티헤럴드 인터뷰에서 "북한은 김정은 암살 등으로 붕괴 가능성이 높다."고 말했다. 랜드연구소는 지난달 340쪽에 달하는 북한관련 보고서를 통해 '2012년 김정은 암살시도가 있었다'고 밝혔다. 같은 보고서에서 월터 샤프 주한미군 前사령관은 "북한정권 붕괴는 시간문제"라고 지적했다.

러시아의 '세계경제·국제관계연구소(IMEMO)'는 "2020년대가 되면 북한은 없어질 것이며 한국 주도 한반도 통일이 러시아 국익에 부합한다."는 결론을 내린 보고서를 발간했다. 이미 2011년 9월 발간된 자료인 '2030년 전략적 세계 전망'은 '2012년 이후 북한 내부 권력이양이 북한 자체 붕괴를 촉진할 것'이란 요지로 이렇게 분석했다. ① 김정일 퇴진 이후 해외에 정치·경제적 연줄이 있는 '관료집단(官僚集團)'과 그렇지 못한

'군·보안부서 인사들' 간에 주도권 다툼이 일어난다. ② 북한 내 구(舊) 체제 지지자 100만여 명은 중국이나 러시아로 탈출한다. ③ 2020년대가 되면 북한이 한국의 통제에 들어갈 수 있도록 국제사회 감시하에 북한 임시정부(臨時政府)가 세워진다. ④ 이후 북한군의 무장해제와 경제 현대화 작업이 본격화될 것이다.

공통된 지적은 이렇다. 1,920만 명이 식량부족, 760만 명이 영양실조인 북한에서(UN식량계획 2013년 '세계 식량불안상황 보고서') 일어나는 권력 갈등은 급변사태로 이어질 것이란 분석이다.

19. 영화에서 흔히 볼 수 있는 소형화된 핵폭탄.

20. 핵공학자인 신성택 박사는 자신의 책 『북핵리포트』에서 "1945년 미국 히로시마에 투여된 핵폭탄 '리틀보이(Little Boy)'의 폭발력은 15kt(1kt =TNT 10,000t)인데, 고순도플루토늄(WGPu) 50kg 중 5kg이면 폭발력 20kt 핵폭탄 1개, 폭발력 1kt 미니 핵탄두 200개를 만들 수 있다."며 "미니 핵탄두 1개면 광화문 정부종합청사를 한방에 날릴 수 있다."고 적고 있다. 요컨대 '고순도 플루토늄' 50kg은 정부종합청사 같은 빌딩 200개를 날릴 수 있다는 말이다.

21. 자유북한방송 2014년 1월 30일 보도.

22. 북한도 문제지만 이들의 선전·선동을 그대로 받아 적는 한국의 언론도 문제다. 몇몇 언론은 2013년 10월 9일「조선중앙통신」이 1차 핵실험(2006.10.9) 7주년을 맞아 발표한 논평을 인용하면서 "북한이 한반도 비핵화가 김일성 주석과 김정일 국방위원장의 '유훈'이라고 강조하며 이를 위한 대화와 협상의 필요성을 강조했다."고 보도했다.

이런 기사만 보면 마치 북한이 변한 것 같다. 실제 중앙통신은 이날 "한반도 비핵화는 북한의 일관한 정책적 목표"라며 "대화와 협상을 통해 조선반도의 평화와 안정을 보장하고 비핵화를 실현하려는 우리의 입장에는 변함이 없다."고 밝혔다. 또 "조선반도 핵문제를 해결하려면 우리의 핵보유를 산생시킨 장본인인 미국이 적대시정책을 포기하고 핵위협을 끝장내야 한다."며 "이것은 조선반도 핵문제 해결에서 선결 과제"라고 했다. 요약하자면, 대화와 협상을 통해 핵을 버리고 싶은데 미국이 괴롭혀 어쩔 수 없다는 것이다.

북한의 선전·선동을 그대로 인용한 기사는 기사가 아니다. 배후의 진실을 드러내 보이지 않으면, 거짓을 퍼뜨릴 뿐이다. 핵문제도 마찬가지. 북한은 상기(上記) 보도 전 날인 8일 "'핵포기, 변화'? 꿈도 꾸지 말아야"라는 제목의 〈우리민족끼리〉 논평을 냈었다. 북한은 이 논평을 통해 "박근혜 일당이 '핵을 포기하고 변화의 길로 나와야 한다'느니, '북주민들에게 전혀 도움이 되지 않는다'느니 황당무계한 망발"을 한다며 "우리의 핵은 통일조선의 만년국보(萬年國寶)"라고 했다. 논평은 이어 "박근혜 일당이 진정으로 조선반도의 핵문제가 공정하게 해결될 것을 바란다면(…) 남조선에서 미제침략군이 핵무기를 모두 걷어가지고 철수하라고 미국에 대고 바른 소리를 해야 한다."고 덧붙였다.

요컨대 핵을 절대로 버리지 않을 것이고, 주한미군은 철수해야 하며, 핵을 통해 반드시 적화통일을 하겠다는 주장이다. 논평은 "박근혜 일당은 그 무슨 '핵포기'나 '변화'에 대해 꿈도 꾸지 말아야 한다."며 "우리 군대와 인민은(…) 주체의 한길로 꿋꿋이 나아갈 것이며 통일된 사회주의강성국가, 천하제일강국을 보란 듯이 일떠세우고야 말 것"이라고 했다. 또 "박근혜와 그 일당은 가소롭게도 그 무슨 '핵포기'와 '변화'를 떠들며 외세와 야합하여 우리의 핵무장을 해제하려고 분별없이 달려든다면 스스로 제 무덤을 파게 될 것"이라고 덧붙였다. 북한은 한 치도 변하지 않았다. 70년간 속고도 '이제는 북한을 믿자'거나 '별것 아니니 걱정 말라.'고 속삭이는 사람들은 수상쩍다. 황장엽 선생이 말했던 '5만 명 간첩설'도 떠오른다.

23. 2000년 6.15남북정상회담과 2007년 10.4남북정상회담의 합의문들이다.

24. 소위 6자회담 합의문들이다.

25. 통합진보당 소속 19대 국회의원이다.

26. 기타 조직원 발언은 엽기에 가깝다.

▲ "전쟁 분위기가 고조가 됐을 때였는데 그래봐야 2개월 간다. 구체적인 이야기하면은 자기는 조수석에 칼 하나 갖고 다닌다. 나를 잡으면 한 명은 죽이려고 칼을 넣고 다닌다. 그것이 그 사람의 결의겠죠(이상호·경기진보연대 고문)"

▲ "무장(武裝)을 어떻게 할 것인가 하는 문제는 남아 있겠죠. 예를 든다면 지금 이제 외국에서 수입해 오는 장난감총 있잖아요. 그게 80만 원짜리에서 90만 원짜리 들어가게 되면 가스쇼바가 있는데 개조가 가능하며 그것이 안에 들어가면 비비탄총을 갖다가 새를 쏘지 못하게 하는 것을 사람을 조준하게 만드는 일반 총이 있어요.

그런 것들을 포함해서 예를 들려고 한다면 아니면 지금은 인터넷에서 무기를 만드는 것들에 대한 기초는 나와 있어요. 중학생들도 인터넷에 들어가 폭탄을 만들어가지고 사람을 살상시킬 만큼 위협을 만들 수 있어요. 우리가 잘 해석해서 놓고 본다고 한다면 가지고 있는 재료들이 많이 있어요(이상호·경기진보연대 고문)"

▲ "(…)전시상황이라든지 중요한 시기에는 우리가 통신과 철도와 가스 유류 같은 것을 차단(遮斷)시켜야 되는 문제가 있는 거죠. 철도 같은 경우도 철로의 위를 바꾸는 문제가 아니라 철도가 지나가는 데 있어 가지고 통제하는 곳 이거를 파괴하는 것이 가장 효과적 방법이다.

통신(通信) 같은 경우도 가장 큰 데가 혜화국이에요. 전화가 혜화동에 있어요. 그다음에 분당에 있습니다. 우리가 물리적인 타격(打擊)도 중요하겠지만 물리적인 타격을 효과적으로 수행하기 위해서는 거기에 근무하는 사람들을 우리가 반드시 포섭(包攝)하는 사업도 굉장히 중요할 것이다.

총(銃)은 준비해야 되는 게 아니냐 이런 의견 나왔다. 어떻게 총을 만들

거냐? 부산에 가면 있다(이상호·경기진보연대 고문)"

▲ "전시상황이나 국지전이 발생할 경우에 북부지역은 다 사정권 안에 있다. 상호 간에 집결지라든지 이동 루트 이런 것이 필요하다. 그런 것에 대응하는 매뉴얼을 만들어야 한다.

이쪽 지역은 대부분 미군이 동두천에 거주하고 있고 미군 아파트도 있기 때문에 미 군속들의 움직임을 예의주시하고 일상생활에서 파악하는 체계가 필요하다.

이쪽 지역의 발전이라든지 지하철이라든지 철도 등의 국가 기간산업(基幹産業)이 포진을 많이 하고 있는데 그런 곳과의 관계를 좋게 만들어 가야 한다는 얘기가 나왔다(이영춘·민노총 고양·파주 지부장)."

27. 이석기는 "북(北)은 모든 행위가 다 애국적이야. 다 상을 받아야 돼. 그런데 우리는 모든 행위가 다 반역이야. 지배 세력한테는 그런 거야."라며 반역집단인 김정은 정권의 행위는 애국(愛國)이며 한국에서 자신들 활동은 반역이 된다고 불평한다. 북한을 위해서 일하고 있다는 속내를 숨기지 않았다.

또 "남녘의 혁명가는 고난을 각오하라" "온갖 방해 책동 물리적 탄압 공작이 들어올 거다. 당연하지. 전쟁인데" "정치 군사적 준비를 해야 한다. 기술 준비가 필요하다."고 말한다. 대한민국 헌정질서를 부정하는 자신들이 혁명가요, 이 전쟁을 이기기 위해선 군사적 준비, 즉 무장(武裝)을 해야 한다는 것이다.

28. 이석기는 합정동 회합에 앞서 열린 곤지암 회합에서 "현 정세는 위기가 아니라 전쟁이다, 지금은 준전시가 아니라 전시다"라고 발언한 것에 대해 "(통합진보당 경기도당 간부들의) 경각심을 높이고 경종을 울리기 위해 그런 표현을 쓴 것"이라며 "민심의 향방이 전쟁의 승패를 가른다. 이 전쟁은 보이지는 않지만 진행 중이라는 경각심을 진보정당의 간부는 가져야 하지 않느냐는 관점에서 얘기한 것"이라고 주장했다.

이석기는 또 북한을 찬양·고무했다는 국가보안법 위반 혐의에 대해서

"(북한 혁명동지가는) 경쾌한 노래라서 좋아한다. 이를 두고 국가보안법 운운하는 것은 시대착오적이자 문명국가의 수치"라며 "평양냉면, 아바위 순대를 좋아하면 처벌해야 하는 것인가."라고 말하기도 했다.

이석기는 마포 오피스텔 압수수색 과정에서 도주한 것과 관련해서는 "극우단체의 테러인 줄 알았다."고 대답했다. 다만 "극우단체 사람들이 테러를 하려고 모인 것이라면 택시를 타고 영등포역에 갈 것이 아니라 경찰에 신변보호를 요청해야 한다. 그런 사실이 있느냐."는 검찰의 질문엔 진술거부권을 행사했다.

이석기는 이 질문 외에 다른 검찰 신문에 대해서도 모두 진술거부권을 행사했다. 그는 "이 사건은 국가정보원에 의해 날조된 것이기 때문에 진술을 거부하겠다."고 말했다.

29. 정확히는 낮은 단계 연방제로 표현됐다.

30. 소름 돋는 일이 있다. 이석기 육성(肉聲)이 법정에서 생생하게 재현돼도 여전히 무감각한 정치권이 그렇다. 이석기 자격심사안(資格審査案)·징계안(懲戒案)도 여태 윤리특별위원회를 겉돌고 있다.

31. 햇볕정책을 주장하는 사람들을 이렇게 부르자.

32. 장성택 처형 이후 북한의 말 공갈은 더 막 가고 있다.

33. 2009년 5월 정부 발표에 따르면, 1998~2007년 한국 측이 북한정권에 준 현금이 29억 달러(3조 6,000억 원), 현금과 현물을 더한 대북지원·경협(經協)의 총규모는 69억 5,950만 달러(8조 6,800억 원)로 나타났다.

34. 구체적 설명은 이렇다. 김정일 정권이 남한으로부터 들어온 현금에서 29억 달러만 식량구입에 썼더라면 북한에선 한 사람도 굶주리지 않을 수 있었다. 1990년대 중·후반 대기근(大飢饉) 기간에 북한정권이 매년 3억 달러만 써서 옥수수 200만t씩을 수입했었다면 굶어죽는 사람이 없었을 것이다. 200만t은 북한이 매년 국제기구 등에 요청하는 식량부족분 100만t을 포함해 최대로 잡은 수

치다. 만일 1998~2007년 북한에 간 것으로 확인된 69억 5,950만 달러로 식량을 샀다면 최소 23년간 한 명도 굶어 죽지 않았을 것이라는 통계가 나온다.

35. 예컨대 잠수함은 2003년 26척에서 2004년 77척으로 증가했고, 2005년에는 다시 88척으로 늘어났다. 상륙정은 2002년 130척에서 2003년 260척으로 2배가 늘어나 현재에 이르고 있다.

36. 2008년 7월 금강산 관광객 박왕자 피격 살해, 2009년 9월 임진강 관광객 수공(水攻) 살해, 2010년 3월 천안함 폭침

37. 이명박 정부 5년간(2008~2012) 소위 인도적 지원은 확실히 줄었다. 정부·민간의 소위 인도적 지원을 합하면 2,563억 원으로, 1조 2,747억 원(노무현 정권)에서 5분의 1 수준이다.

38. 6·25가 있었던 이승만 정권과 18년 집권한 박정희 정권은 비교 자체가 어려워 삭제했다.

39. 북한의 주요 무력 도발 사례는 1958년 KAL기 피랍사건, 1968년 김신조 일당 청와대 기습사건, 1968년 울진·삼척 무장공비 침투사건, 1976년 판문점 도끼만행 사건, 1983년 버마랭군 폭파사건, 1987년 김현희 KAL기 폭파사건, 1996년 동해 잠수함 침투 등이 있다. 북한이 남한의 돈·쌀·비료를 본격적으로 빨아들인 김대중·노무현 정권 당시에도 1998년 동해 좌초 잠수정 1척 예인과 동해 무장간첩 시체 1구 발견, 남해 반잠수정 침투, 1999년 제1연평해전, 2002년 제2연평해전, 2003년 전투기 서해영공 침범 등 도발은 멈추지 않았다.

40. 정부 지원만 해도 2억 2,740만 달러(2,273억 원)로서 최고치였다.

41. http://news.chosun.com/site/data/html_dir/2013/12/20/2013122000287.html.

42. 돼지 한 마리, 두 마리, 세 마리, 네 마리의 중국식 발음.

43. 「조선일보」·미디어리서치 조사에서 '이대로 좋다'는 응답자의 29.2%는 세금과 실업 등 경제적 부담이 증가

할 것이기 때문이라고 했고, 범죄와 지역 갈등 등 사회적 혼란이 커질 것이란 응답도 22.7%였다. 문화, 가치 대립 등 남북한 이질감 증가를 이유로 든 사람이 11.4%였고, 국가 발전 저해라는 응답도 3.8%였다. 통일이 필요하다고 생각하는 이유도 1994년에 비해 크게 변했다. '민족 재결합을 위해서'라는 응답은 59.0%에서 26.3%로 급감했고, '이산가족 고통 해소'도 11.0%에서 7.3%로 줄었다. 대신 경제 발전(14.2%→30.6%)과 전쟁 방지(14.6%→25.1%) 등 실리적 측면의 응답이 크게 늘었다.

44. 「조선일보」·미디어리서치의 2013년 12월 28~29일 조사에 따르면 '남북통일이 하루빨리 이뤄져야 한다'는 응답은 19.9%로 1994년 한국갤럽 조사 때의 40.9%보다 절반 이하로 줄었다. 반면 '통일보다는 현재대로가 낫다'는 응답은 16.8%로 1994년 7.0%에 비해 9.8% 포인트나 늘었다.

45. 조속한 통일에 대해 보수층은 23%, 진보층은 18%가 찬성했고, '현재대로' 응답은 보수·진보가 15% 대로 엇비슷했다.

46. http://news.chosun.com/site/data/html_dir/2014/01/02/2014010200255.html

47. 흙은 비옥하고 달콤한 샘, 『열하일기』『허생전』에 나오는 이상향의 모습이다.

48. '국가가 분단된 상태에 처해서 생기는 일체의 기회비용(機會費用, opportunity cost)'이다. 명시적 비용(explicit cost)과 암묵적 비용(implicit cost)으로 나뉜다.

49. 2007년 '국회예산결산특위'가 작성한 '통일비용과 통일편익'이라는 논문에 따르면, 2015년, 2020년, 2025년, 2030년 각각 통일 시 분단비용과 통일비용은 매년 1조 3,123억 달러 vs 8,577억 달러, 1조 4,931억 달러 vs 9,912억 달러, 1조 6,837억 달러 vs 1조 1,589억 달러, 1조 8,886억 달러 vs 1조 3,227억 달러가 소요된다고 추산했다. 한마디로 통일비용이 많다지만 분단비용은 더 많다는 것이다.

50. 우리나라의 현재 국가 신용등급은 AA-(피치 기준)인데 2단계가 오르면 AA+가 된다. 이는 최고 신용등급인 AAA(트리플A)의 바로 한 단계 아래로 영국·프랑스 등 유럽 선진국과 어깨를 나란히 하게 되는 것이다. 통일 이후 한국은 미국·독일·싱가포르 등에 이어 신용등급이 높은 나라가 되며 일본보다 두세 단계 신용도가 높아질 것으로 예상된다.

51. 산업정책연구원은 국가 이미지 및 브랜드 가치가 한 등급 상승하면, 우리나라 기업들이 상품의 수출 가격을 10% 이상 높게 받을 수 있을 것으로 분석했다.

52. 우리 정부가 환율 안정 자금 확보를 위해 발행하는 외국환평형기금채권(외평채)은 미국의 10년 만기 국채 금리에 1% 이상 금리가 더해져 해외 외환시장에서 거래되고 있다. 현대경제연구원은 지난 2010년 남북한 전쟁 위험이 해소되면 국가 위험도 감소 효과로 이어져 남한의 해외 차입 금리가 0.2% 포인트가량 인하할 것이라는 분석을 내놨다. 외채 규모가 일정하다는 가정하에 새 해외 차입 금리를 적용하면 혜택은 15년간 약 230억 달러에 이른다고 전망했다. 현재 환율로 24조 4,700억 원에 해당하는 액수다. 고려대 아세아문제연구소도 해외 차입 금리가 0.2% 포인트가량 떨어져 외채 이자 부담이 2015년 이후 10년간 81억 달러가 감소할 것으로 전망했다. 2015년부터 2035년까지 159억 달러, 2015년부터 2050년까지 274억 달러가 줄어들 것으로 봤다.

53. '통일비용과 통일편익'·'한반도 통일비용 쟁점과 과제'.

54. 통일비용은 GDP 대비 6.6~6.9%이지만 통일이익은 GDP 대비 11.25%의 경제성장을 가져온다고 분석했다.

55. 1990년대 기근 피해가 극심했던 함경남도는 시장화 비율이 93%에 이르고, 배급 경제가 가장 잘 돌아가는 평양조차도 시장화가 56%에 이르렀다.

56. 최근에는 비공식 금융시장도 나타나고 있다. 장마당 등을 통해 자본을 축적한 일명 '전주(錢主, 사채업자)'

들이 등장, 이자를 받고 돈을 빌려주는 것이다. 대북 소식통은 "돈주들은 고리대금업 수준을 넘어 상인들의 무역 대금 결제를 대행하거나 국가기관과 기업소의 무역 허가권을 임차해 직접 운영하기도 한다."고 말했다. 북한 당국도 최근 경제특구를 추진하면서 상업은행법을 제정, 공장이나 기업소가 대출을 받을 수 있도록 했다.

57. 2011년 현재 동서독 지역의 격차는 이태리 남북부 격차보다 적다.

58. 북한주민 숨통을 조여 온 사회주의라는 붉은색 형틀이 사라진 뒤 북한은 새 세상을 맞게 될 것이다. '체제전환(體制轉換. regime change)' 이후 북한은 매력적 투자처(投資處)로 변모할 수밖에 없다.

예를 들어 보자. 남한의 자동차 생산량은 북한의 853배에 달하지만, 아이러니하게도 자동차 생산의 원료인 철 매장량은 북한(30억 톤)이 남한의 148.5배나 많다. 철(鐵)뿐 아니다. 공업생산의 기초자원은 북한이 훨씬 풍부하다. 북한의 금 매장량은 1,500톤으로서 남한의 50배에 달하며, 기타 동, 아연, 석회석, 석탄의 매장량은 각각 남한보다 52.6배, 34.1배, 22.4배, 42배나 많다.

역설(逆說)의 원인은 간단하다. 이념(理念)과 체제(體制)가 문제이다. 빈약(貧弱)한 자원을 가진 자유민주주의, 시장경제가 풍족한 자원을 가진 인민민주주의(공산주의), 사회주의보다 몇 백배의 생산력을 창출했다. 이는 대북(對北)투자가 체제전환과 병행될 경우, 북한의 비약적 발전이 가능함을 뜻한다.

59. 고려대 아세아문제연구소의 분석 결과, 남북이 경제 통합을 할 경우 오는 2050년 북한 지역의 1인당 GDP는 남한의 1인당 GDP와 격차가 8배까지 줄어드는 것으로 나타났다. 그러나 통합을 하지 않고 현재의 분단 체제가 유지되면 북한은 2050년에도 남한과 격차가 31배에 이를 것으로 분석됐다. 아세아문제연구소는 남북 통합 시 경제성장 효과는 북한이 남한보다 2배가량 클 것이라고 분석했다. 남북이 2015년에서 2050년까지 단계적으

로 통합을 이룰 경우, 35년간 남한의 연평균 경제성장률은 3.22%로 예측된 반면 북한은 6.19%에 달했다. 특히 북한 지역은 통합을 시작한 2015년에서 2024년까지 10년간 연평균 8.18%의 고도성장을 유지할 것으로 전망했다. 반면 통합이 되지 않을 경우 북한 경제는 2050년까지도 연평균 성장률이 2.09%에 그칠 것으로 나타났다.

60. 이 표현은 나의 선친도 많이 쓰셨다.

61. '위대한 수령 김일성동지 만세! 위대한 지도자 김정일 비서 만세!'라는 뜻이다.

62. 실제로 1993년 6월 '평화의 댐' 관련 건설부 감사 당시 감사원이 당시 안기부(국정원 前身)를 조사하면서 대북(對北)무선 통신 감청사실이 노출되어 심각한 부작용이 발생한 바 있다.

〈대한민국 정체성 총서〉 기획위원

자유북한방송 대표	**김성민**
한국자유연합 대표	**김성욱**
군사편찬위원회 책임연구원	**남정욱**
전 월간조선 기자	**이동욱**
변호사	**이인철**
북한인권법 통과를 위한 모임	**인지연**
대한민국 정체성 총서 기획팀장	**홍훈표**

김정은 이렇게 망한다

펴낸날 **초판 1쇄 2014년 6월 25일**
초판 3쇄 2015년 5월 30일

지은이 **김성욱**
펴낸이 **김광숙**
펴낸곳 **백년동안**
출판등록 **2014년 3월 25일 제406-2014-000031호**

주소 **경기도 파주시 광인사길 30**
전화 **031-941-8988**
팩스 **070-8884-8988**
이메일 **on100years@gmail.com**

ISBN 979-11-952638-5-1 04300

※ 값은 뒤표지에 있습니다.
※ 잘못 만들어진 책은 구입하신 서점에서 바꾸어 드립니다.

이 도서의 국립중앙도서관 출판시도서목록(CIP)은 서지정보유통지원시스템 홈페이지(http://seoji.nl.go.kr)와 국가자료공동목록시스템(http://www.nl.go.kr/kolisnet)에서 이용하실 수 있습니다.(CIP제어번호: CIP2014012341)

책임편집 · 교정교열 **홍훈표**